Gerhard Steigerwald

Die frühchristlichen Mosaiken der Basilika Santa Maria Maggiore in Rom

Ein Geheimnis aus Schönheit und tiefsinnigen Bildern

Kunstverlag Josef Fink

Be Be

Die Fotos wurden mit freundlicher Genehmigung der Universitätsbibliothek Heidelberg entnommen aus: Joseph Wilpert (Hrsg.), *Die römischen Mosaiken und Malereien der kirchlichen Bauten vom IV. bis XIII. Jahrhundert*, Dritter Band (Tafeln: Mosaiken), Freiburg i. Br. 1916

Titelmotiv, Abb. 2. Umschlagseite, Abb. 1–3: © Alessandro Vasari, I-Rom

Grundriss: Verlagsarchiv

Bibliografische Information der Deutschen Nationalbibliothek
Die Deutsche Bibliothek verzeichnet diese Publikation in der Deutschen Nationalbibliografie; detaillierte bibliografische Daten sind im Internet unter http://dnb.d-nb.de abrufbar.

1. Auflage 2024
ISBN 978-3-95976-473-5 (Kunstverlag Josef Fink)
ISBN 978-3-903518-00-1 (Be+Be-Verlag)

Kunstverlag Josef Fink
Hauptstr. 102 b, D-88161 Lindenberg i. Allgäu
www.kunstverlag-fink.de

Be+Be-Verlag Heiligenkreuz
A-2532 Heiligenkreuz im Wienerwald
www.klosterladen-heiligenkreuz.at

Lektorat: Dr. Jörg Restorff, D-Viersen/Berlin
Layout: Mathias Baumgartner, D-Lindenberg i. Allgäu
Bildbearbeitung: Holger Reckziegel, D-Bad Wörishofen
Gedruckt in der EU.

Inhalt

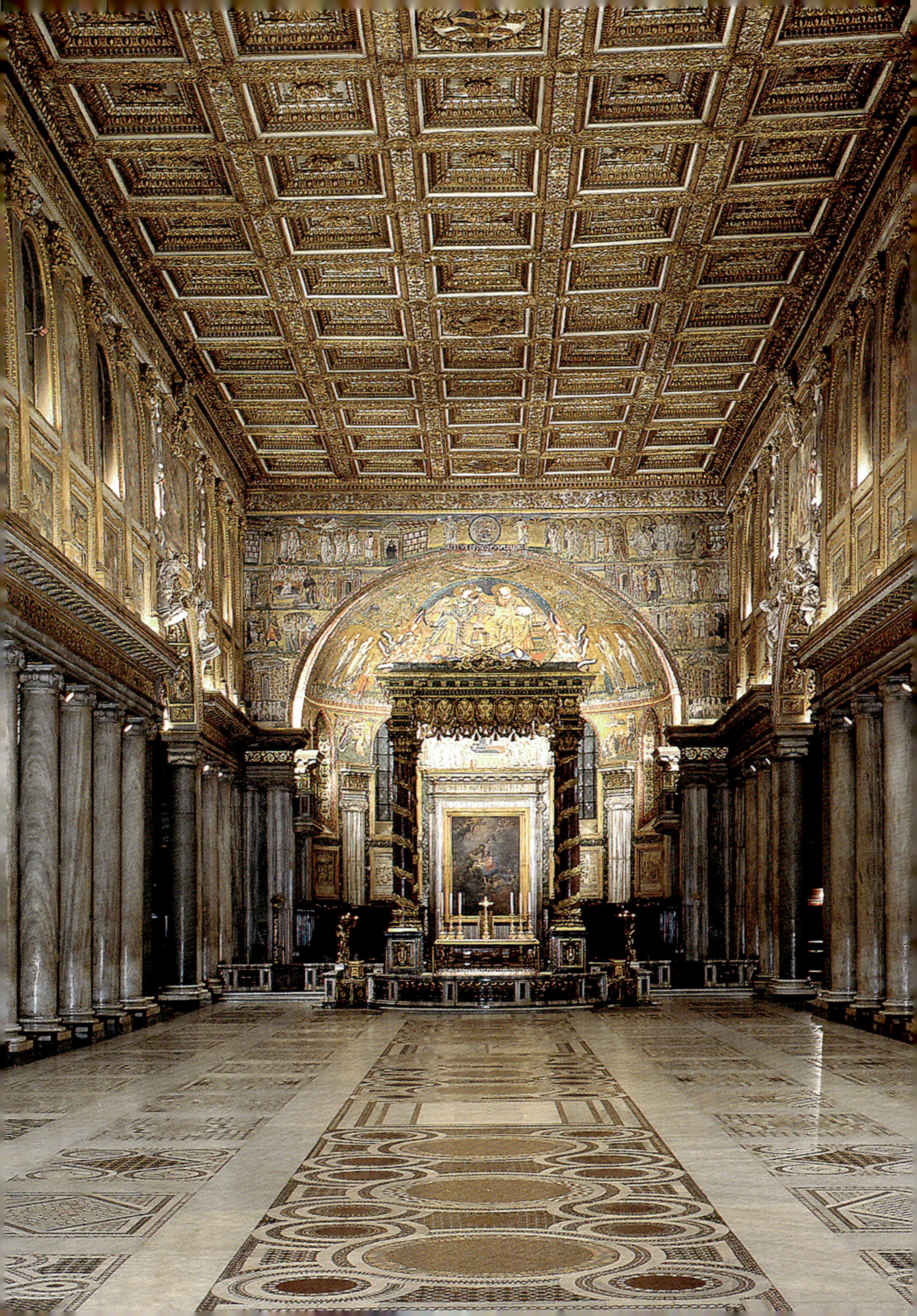

Vorwort

Liebe Besucherin,
lieber Besucher
der Basilika Santa Maria Maggiore!

Wahrscheinlich sind Sie gerade jetzt von der prächtigen Innenausstattung dieser frühchristlichen Basilika, die im Jahr 434 geweiht wurde, ergriffen. Der grandiose Baldachin und der große Triumphbogen mit seinen prächtigen Mosaiken mögen Ihren Blick fesseln.

Nach der Lektüre der folgenden Kapitel werden Sie die einzigartige Botschaft des Mosaik-Zyklus verstehen, die Sie mit diesem kleinen Reiseführer entschlüsseln können. Der Führer dient sowohl als Begleitung des Eindrucks, den die Mosaiken auf den Besucher machen, als auch als Hilfe bei der Entschlüsselung des tieferen Sinns hinter den geheimnisvollen Mosaiken von Santa Maria Maggiore. Als christlicher Archäologe habe ich mich intensiv mit der Geschichte der Erforschung dieser Kunstwerke beschäftigt. Dabei gelang es mir, die ursprüngliche Botschaft der Mosaiken aufzudecken. Die hier vorgeschlagene Lesart der Mosaiken richtet sich als Wegweiser insbesondere an gläubige Christen.

Abb. 1: Rom, S. Maria Maggiore,
Blick in den Innenraum der Basilika

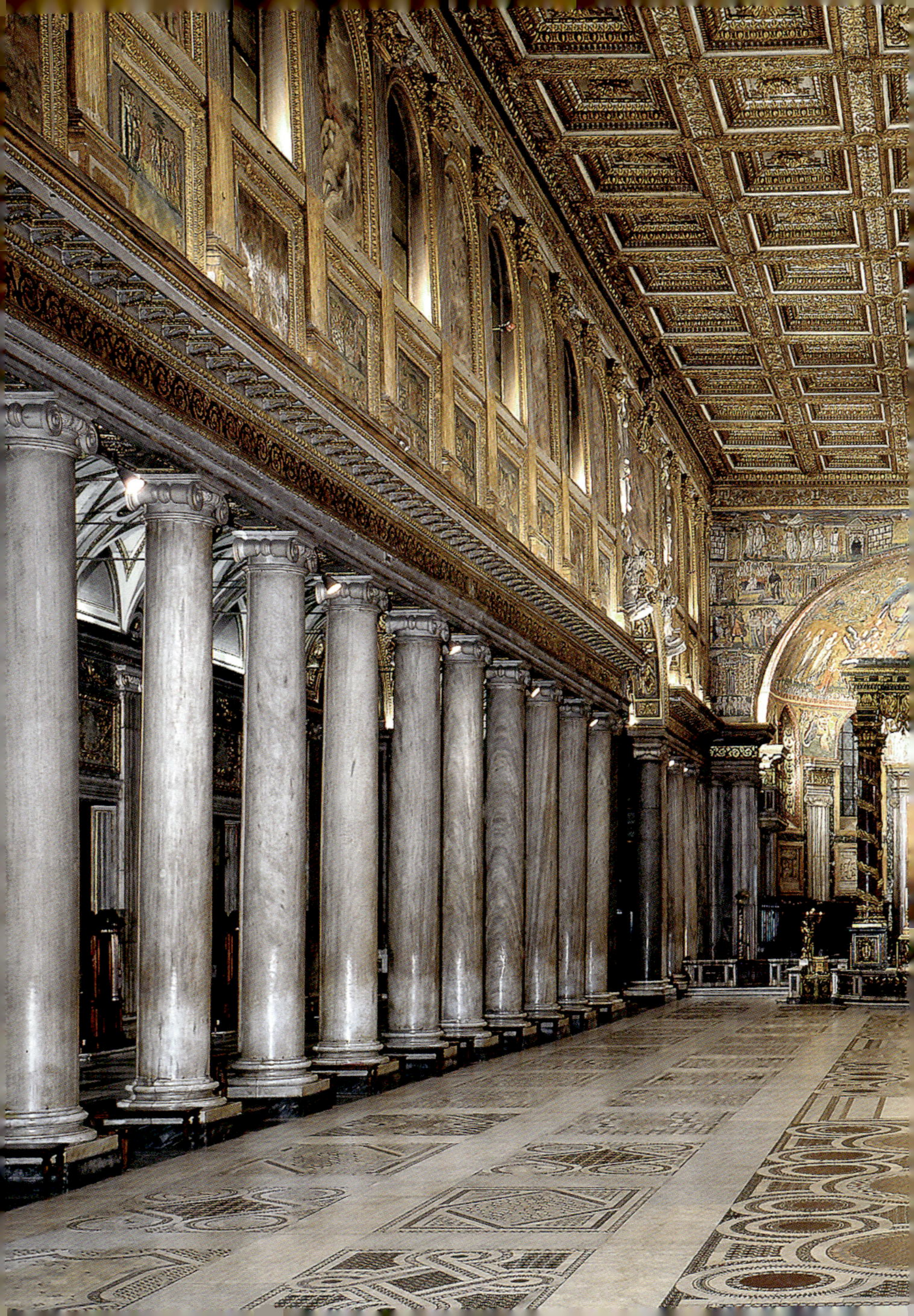

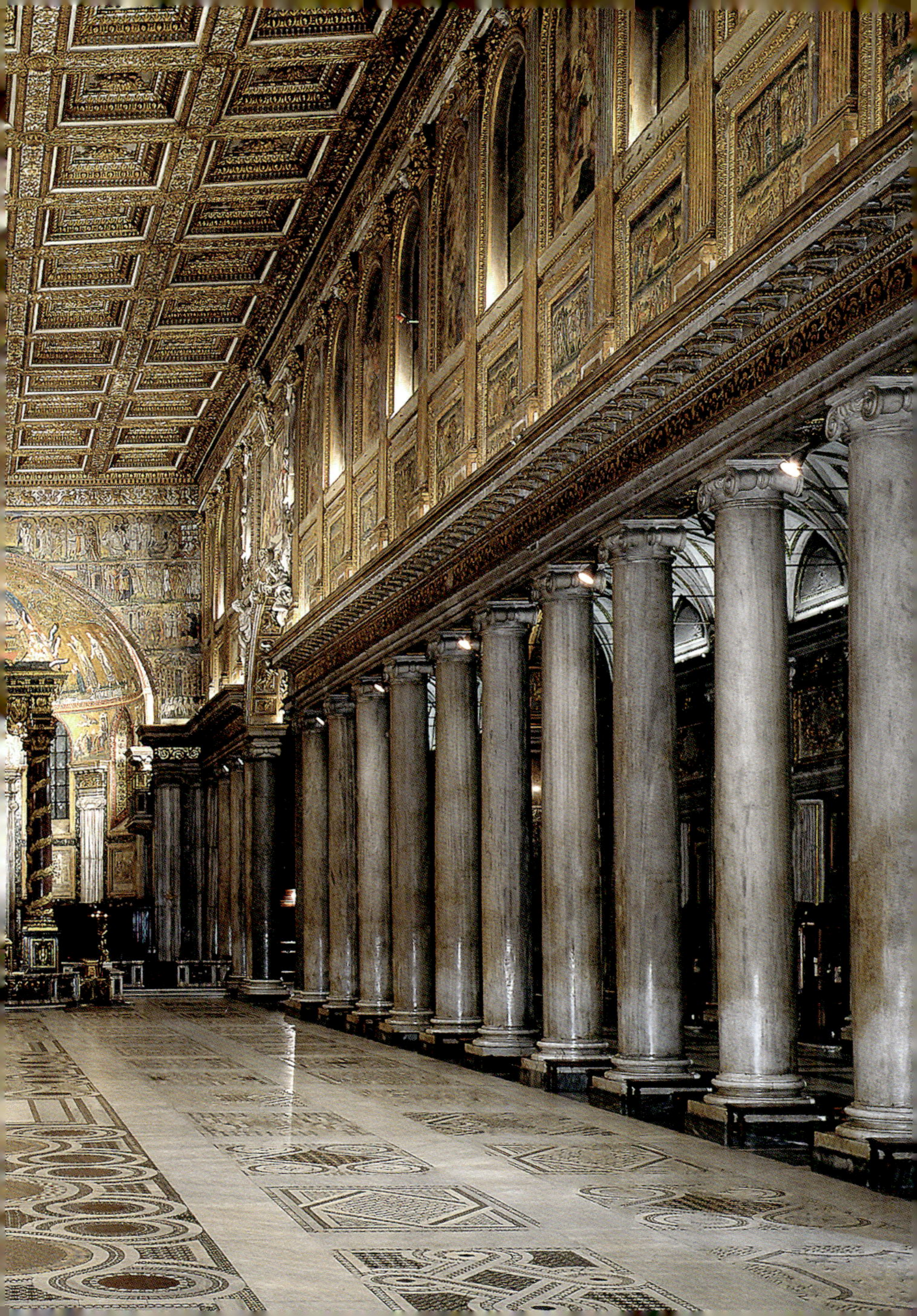

Die frühchristlichen Mosaiken der Basilika Santa Maria Maggiore in Rom

S. Maria Maggiore ist die großartigste und bedeutendste Marienkirche Roms. Sie ist ein architektonisches Meisterwerk, das in den ersten Jahrzehnten des 5. Jahrhunderts entstand. Seit der Fertigstellung der Basilika muss ihr Inneres einen überwältigenden Eindruck auf alle gemacht haben, die sie betraten. Ohne die Apsis ist der Innenraum von Santa Maria Maggiore 76 Meter lang und 32 Meter breit. Zwei Reihen ionischer Säulen teilen den Innenraum in drei Schiffe auf. Das palastartige Mittelschiff ist doppelt so breit wie die Seitenschiffe, die es flankieren.

Das Innere der Basilika ist prächtig mit komplizierten Mosaiken verziert. Diese schmückten ursprünglich die Apsis, den Triumphbogen, die beiden Wände des Mittelschiffs und die Innenfassade. Aufgrund der doppelten Anzahl von Fenstern durchflutete anfangs ein Meer von Licht den gesamten Raum. Die Lumineszenz des römischen Himmels tauchte die Mosaiken in einen glühenden Schimmer. Leider wurde die Hälfte dieser Fenster im 8. Jahrhundert zugemauert.

Die frühchristlichen Bilder haben durch mannigfache Umbauten der Basilika, missglückte Renovierungen und den Alterungsprozess im Verlauf der Jahrhunderte gelitten. Heute sind nur noch die Mosaiken des Triumphbogens und ein Teil der Mosaiken des Mittelschiffs erhalten. Der jetzige Wandschmuck ist das Ergebnis einer Renovation in den dreißiger Jahren des 20. Jahrhunderts.

Der Baldachin über dem Altar, der an den Baldachin des Barockkünstlers Gian Lorenzo Bernini in Sankt Peter erinnert, stammt aus dem 18. Jahrhundert. Die Kassettendecke, die nicht original ist, wurde mit dem ersten Gold geschmückt, das Christoph Kolumbus Ende des 15. Jahrhunderts aus Amerika nach Europa brachte.

Die Kirche der Heiligen Maria (ecclesia sanctae Mariae), so der ursprüngliche Name der heutigen Basilika Santa Maria Maggiore, wurde unter Papst Coelestin I. (Amtszeit 422-432) errichtet – wahrscheinlich bald nach Beginn seiner Amtszeit. Sie entstand nahe bei der zerstörten ersten Marienkirche und wurde am Sonntag, dem 05. August 434, durch Papst Xystus III., den Nachfolger Coelestins I., der Jungfrau Maria geweiht – nicht Maria, der Muttergottes, wie viele heute meinen.

Man bringt dabei fälschlicherweise die Weihe dieser Kirche an Maria mit der Proklamation des griechischen Titels „Dei Genetrix“ für die Mutter Jesu durch das Konzil von Ephesus 431 in Verbindung. Dieser Titel wurde wahrscheinlich erstmals im 6. Jahrhundert für die Basilika verwendet, der Name „Maria Maggiore“ erstmals im 7. Jahrhundert. Das ungewöhnliche Weihedatum von S. Maria Maggiore – der 5. August 434, also in der heißesten Jahreszeit Roms – wurde gewählt, um an die erste Marienkirche auf dem Esquilin-Hügel zu erinnern. Der Legende nach markierte Papst Liberius nach einer Vision der Mutter Jesu und dem darauffolgenden wundersamen Schneefall im Sommer 352 die Stelle, wo der Schnee gefallen war, um die von Maria erbetene Kirche zu erbauen. Diese Kirche wurde 410 bei der Plünderung Roms durch Alarich niedergebrannt. Im Gedenken an sie trägt die heutige Basilika auch die Namen „Basilica Liberii“ und „Basilica Liberiana“.

Der 5. August ist jetzt ein Feiertag im allgemeinen römischen Kalender, der „Einweihung der Basilika Santa Maria Maggiore“ genannt wird. Die Basilika gedenkt des wundersamen Schneefalls jedes Jahr mit einem eindrucksvollen Regen aus Tausenden von weißen Rosenblättern, die nach der Messe von der Kuppel herabschweben. In der Abenddämmerung wird der Vorplatz mit Kunstschnee bestreut. Zu Ehren des Schneewunders trägt die Basilika Santa Maria Maggiore auch den schönen Namen „Santa Maria della Neve“ (Hl. Maria zum Schnee). Ein goldenes Flachrelief über einem Seitenaltar am linken Querschiff stellt das Wunder des wunderbaren Schneefalls dar.

Was man wissen sollte, um die Basilika und ihre Mosaiken zu verstehen

Rom war im 5. Jahrhundert die mächtigste, herrlichste und größte Stadt der damals bekannten Welt. Die Stadt zählte fast eine Million Einwohner und war schon über 1000 Jahre alt. Rom war berühmt wegen seiner herrlichen Bauten, Regierungsgebäude und Tempel, vor allem wegen des Forum Romanum. Doch die Kaiser residierten hier nicht mehr. Das Römische Reich war geteilt in das weströmische Reich mit Rom und das oströmische Reich mit Konstantinopel als Hauptstadt. Die Kaiser des weströmischen Reiches regierten in Mailand, später in Ravenna.

Im Laufe von fünf Jahrhunderten hatte sich die Kirche von Rom von einer kleinen Gemeinde zur Zeit der Apostel Petrus und Paulus zu einer einflussreichen Institution entwickelt.

Nach dem Wegzug der Kaiser aus der Stadt traten allmählich die römischen Bischöfe in ihre Fußstapfen. Sie gewannen nicht nur religiöse, sondern auch politische Macht. Seit der Wende zum 5. Jahrhundert hatten allein sie das Recht, in der Stadt Kirchen zu errichten. Ihr Ziel war es auch, der vom Heidentum geprägten Stadt ein christliches Gesicht zu geben. Die Kathedrale des Bischofs von Rom, S. Giovanni in Laterano, sowie die Basiliken S. Pietro und S. Paolo fuori le mura, die in der konstantinischen Zeit erbaut worden waren, lagen am Rande der Stadt oder in einer unbedeutenden Gegend. Die prächtige Basilika der Heiligen Maria sollte dagegen auf dem höchsten Hügel der Stadt, dem Esquilin, inmitten der Wohngebiete der Oberschicht ihren Platz finden und so zur christlichen Prägung der Stadt einen nicht zu übersehenden Beitrag leisten.

Papst Cölestin I. und Papst Xystus III. ging es nicht nur darum, den heidnischen Prachtbauten eine christliche Basilika auf dem Esquilin entgegenzusetzen, sondern auch um eine politisch-geistige Neuorientierung Roms, seines Weltreichs und seines Kaisertums. Rom sollte geprägt sein von einer am christlichen Glauben orientierten Rom-Kaiser-Reichsidee. Dazu sollte diese Basilika mit ihren Mosaiken dienen. Quelle dieser Erneuerung der Stadt und des Erdkreises war der sonntägliche Gottesdienst mit der Verkündigung der Botschaft Christi und der Feier der Eucharistie.

Eine fundamentale Bedrohung für das Zentrum des christlichen Glaubens, den Glauben an die Gottheit Christi, entwickelte sich in den Jahren 428-431 in der Kaiserstadt Konstantinopel. Bei der Auseinandersetzung über den Gottesmutter-Titel für die Mutter Jesu hatte Nestorius erhebliche Zweifel an der Gottheit Jesu geäußert und deswegen auch diesen Titel für Maria abgelehnt. Nestorius war nicht irgendein Theologe, sondern der Bischof und Patriarch der Kaiserstadt Konstantinopel und als solcher eine wichtige Autorität in der Glaubensverkündigung.

Mit seinem Zweifel an der Gottheit Christi erschütterte er sowohl die Kirche des Westens wie des Ostens. Deswegen berief Papst Cölestin I. eine Synode nach Rom ein, die am 10. August 430 die Lehre des Nestorius zurückwies. Das Gleiche tat für Ägypten im selben Jahr eine Synode in Alexandrien unter seinem Erzbischof Cyrill und schließlich für die gesamte Kirche ein Allgemeines Konzil im Juni 431 in der Weltstadt Ephesus, heute das türkische Efes. Die zentrale Lehre des Konzils war nicht die Gottesmutterschaft Mariens, wie so oft behauptet wird, sondern die Gottheit Jesu, des Mensch gewordenen Gottessohnes. Die Kirchenversammlung verurteilte die Ansichten des Nestorius als Irrlehre: *Der ewige Sohn des Vaters, der sein göttliches Wesen vom Vater vor aller Ewigkeit empfing, ist aus Maria der Jungfrau Mensch geworden, ohne aufzuhören, Gott zu sein. Deswegen heißt Maria zu Recht ‚Gottesmutter'.*

Der Glaube an die Gottheit Christi ist von solcher Tragweite, dass die römische Kirche unter Führung von Cölestin I. beschloss, diese fundamentale Glaubensbotschaft nicht nur durch das Wort, sondern auch im Bild zu verkünden. Sie war von der Macht der Bilder überzeugt. Offenbar war die von Cölestin I. in Auftrag gegebene Basilika soweit fertiggestellt, dass man sie mit Mosaiken schmücken konnte. Mit ihrer Planung hat man wohl schon bald nach dem Ende der gegen Nestorius gerichteten Synode von Rom im Herbst 430 begonnen. Am Tag der Weihe der Basilika, am 05. August 434, war der Mosaikschmuck weitgehend vollendet.

Die Inschrift von Xystus III., „XYSTUS EPISCOPUS PLEBI DEI", in der Mitte des Triumphbogens

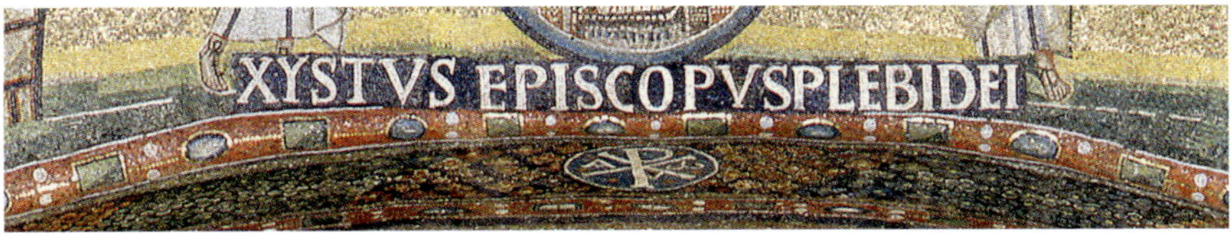

Abb. 2: Rom, S. Maria Maggiore, Triumphbogen, Mosaik:
Die Inschrift des Papstes Xystus III.

Die Übersetzung der Inschrift lautet:
Xystus, Bischof für das Volk Gottes.

Bischof Xystus III. war in der frühen Kirche der dritte Papst dieses Namens und leitete sie vom 31. Juli 432 bis zum 19. August 440.

Xystus III. stellt sich mit dieser Inschrift dem Volk Gottes vor und macht darauf aufmerksam, dass er zum Bischof des Volkes Gottes von Jesus Christus persönlich eingesetzt worden sei, und dass er seine Botschaft, so wie sie in den Mosaiken zum Ausdruck kommt, mit der Autorität des himmlischen Christus verkünde. Mit dem „Volk Gottes" ist zunächst die Kirche von Rom gemeint, des weiteren auch die Kirche des Erdkreises.

Der Titulus der Basilika Santa Maria Maggiore

Der Titulus (die Weihe-Inschrift) unter dem verlorenen Eingangsmosaik ist unentbehrlich für das Verständnis des frühchristlichen Mosaikzyklus von Santa Maria Maggiore. Die Weihe-Inschrift war in der Basilika unter dem Eingangsmosaik an der westlichen Wand im Inneren der Kirche angebracht. Eingangsmosaik und Titulus sind verloren. Der Titulus ist heute jedoch noch zugänglich durch mittelalterliche Abschriften.

Die lateinische Weihe-Inschrift lautet in deutscher Übersetzung:

Jungfrau Maria, Dir habe ich, Xystus, das neue Haus geweiht,
würdig der heilbringenden Frucht Deines Leibes.
Du bist eine Mutter, ohne von einem Mann zu wissen, wurdest Du sogar schwanger.
Bei heilem Mutterschoß wurde unser Heil geboren.
Siehe, die Zeugen Deines Kindes! Sie tragen ihren Siegespreis bei sich,
und jedem zu Füßen liegt sein Leidenswerkzeug:
Schwert, Flamme, wilde Tiere, (Ertränken im) Fluss, fürchterliches Gift.

Eine einzige Krone wartet jedoch auf diese derartigen Todesarten.

Die Basilika weihte Papst Xystus III. der hl. Jungfrau. Trotz der Weihe an die Mutter Jesu soll das Gotteshaus der Frucht ihres Leibes, also ihres Kindes, würdig sein. Damit ist seine fundamentale Bestimmung formuliert: Nicht Maria steht im Zentrum dieser Kirche und ihrer Mosaiken, obwohl sie ihr geweiht ist, sondern ihr Kind in seiner Gottheit. Dies ergibt sich aus dem weiteren Text des Titulus bzw. aus dem dazugehörigen Eingangsmosaik.

Die Bildunterschrift betont die jungfräuliche Unversehrtheit der Mutter Jesu bei dessen Geburt. *Du bist eine Mutter, ohne von einem Mann zu wissen, wurdest Du sogar schwanger. Bei heilem Mutterschoß wurde unser Heil geboren.* Der Verfasser der Studie hat entdeckt, dass diese Worte sich auf die Entscheidung der Synode von Rom gegen Nestorius vom 10. August 430 beziehen. Der Titulus offenbart also, dass die Mosaiken im Kontext des Streits mit Nestorius zu lesen sind.

Ferner weist der Titulus auf fünf stadtbekannte, römische Märtyrer im dazugehörigen Mosaik hin, die durch ihr Martyrium Zeugnis für die Gottheit dieses Kindes abgelegt haben. Ihre Namen werden nicht genannt. Sie lassen sich aber aus den Werkzeugen ihres Martyriums erschließen: *Schwert:* Papst Sixtus II. wurde mit dem Schwert hingerichtet – *Flammen*: Der Diakon Laurentius wurde auf einem glühenden Rost gebraten – *Wilde Tiere:* Hippolyt von Rom wurde von wilden Pferden zerrissen – *Fluss:* Papst Clemens I. wurde im Schwarzen Meer ertränkt – *Giftbecher*: Justin, der Märtyrer, wurde mit dem Giftbecher hingerichtet.

Vermutlich zeigte das verlorengegangene Mosaik Maria wie am Triumphbogen, gekleidet in ein goldenes Cyclaskostüm, ursprünglich das Ehrenkleid kaiserlicher Matronen, hier das Kleid geweihter, seliger Jungfrauen. Sie hält das Jesuskind, das in ein weißes Pallium (Mantel) und in eine weiße Tunika (hemdartiges Gewand) gehüllt ist, auf dem Arm und thront auf einem mit Edelsteinen und Perlen reich verzierten Thron, umgeben von Engeln. Den Engeln schließen sich auf beiden Seiten die im Titulus genannten Märtyrer an, mit den Leidenswerkzeugen zu ihren Füßen und goldenen Kränzen in den Händen. Vielleicht standen rechts vom Thron ganz außen Xystus III. mit dem Kirchenmodell, neben ihm sein Vorgänger Xystus II. und Laurentius mit einem flammenden Rost. Links vom Thron befanden sich Hippolyt von Rom, Papst Clemens I. und ganz außen Justin, der Märtyrer.

Seite 14/15:
Abb. 3: Rom, S. Maria Maggiore, Triumphbogen, Gesamtansicht der Darstellungen nach der Restaurierung

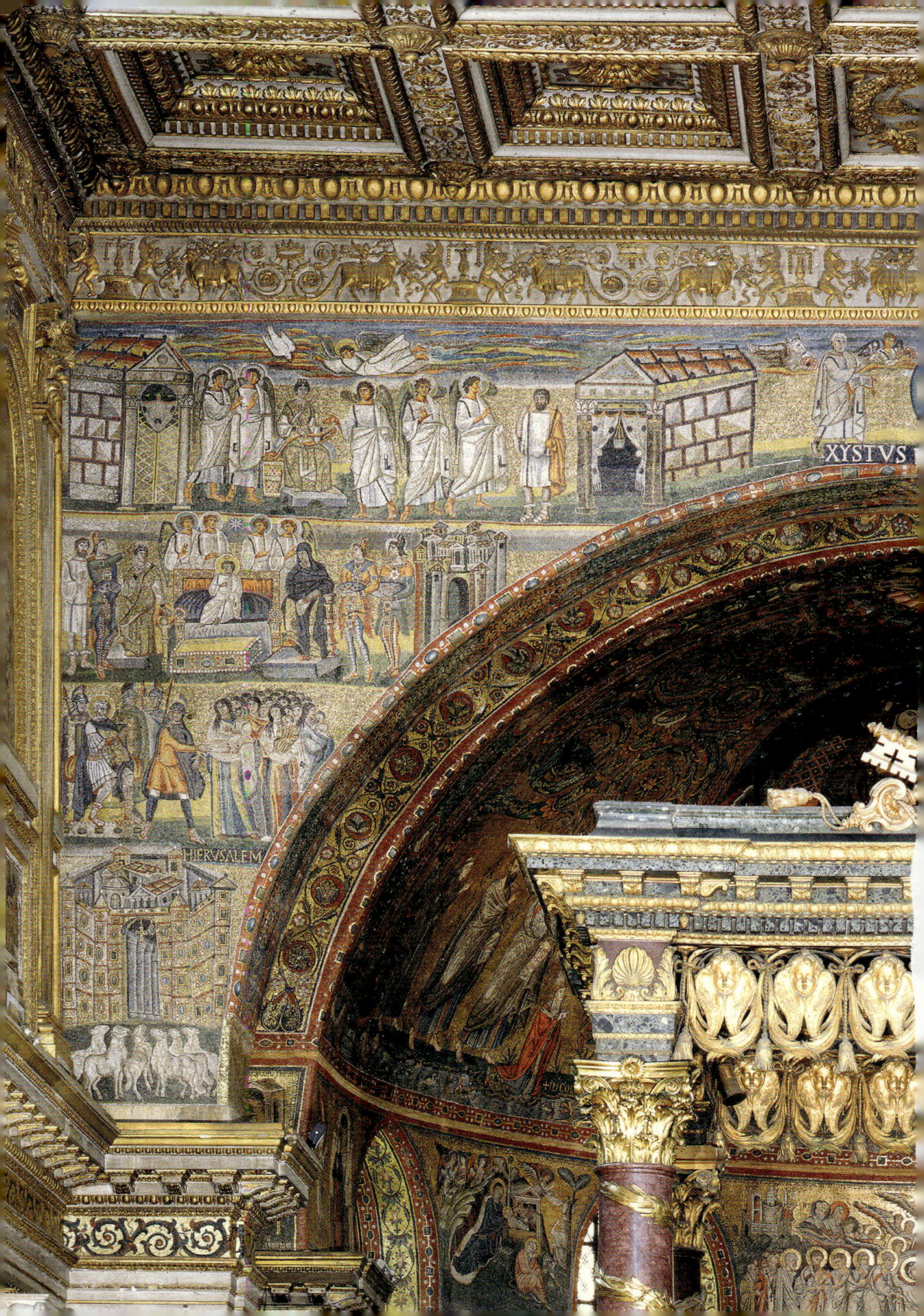
XYSTVS
HIERVSALEM

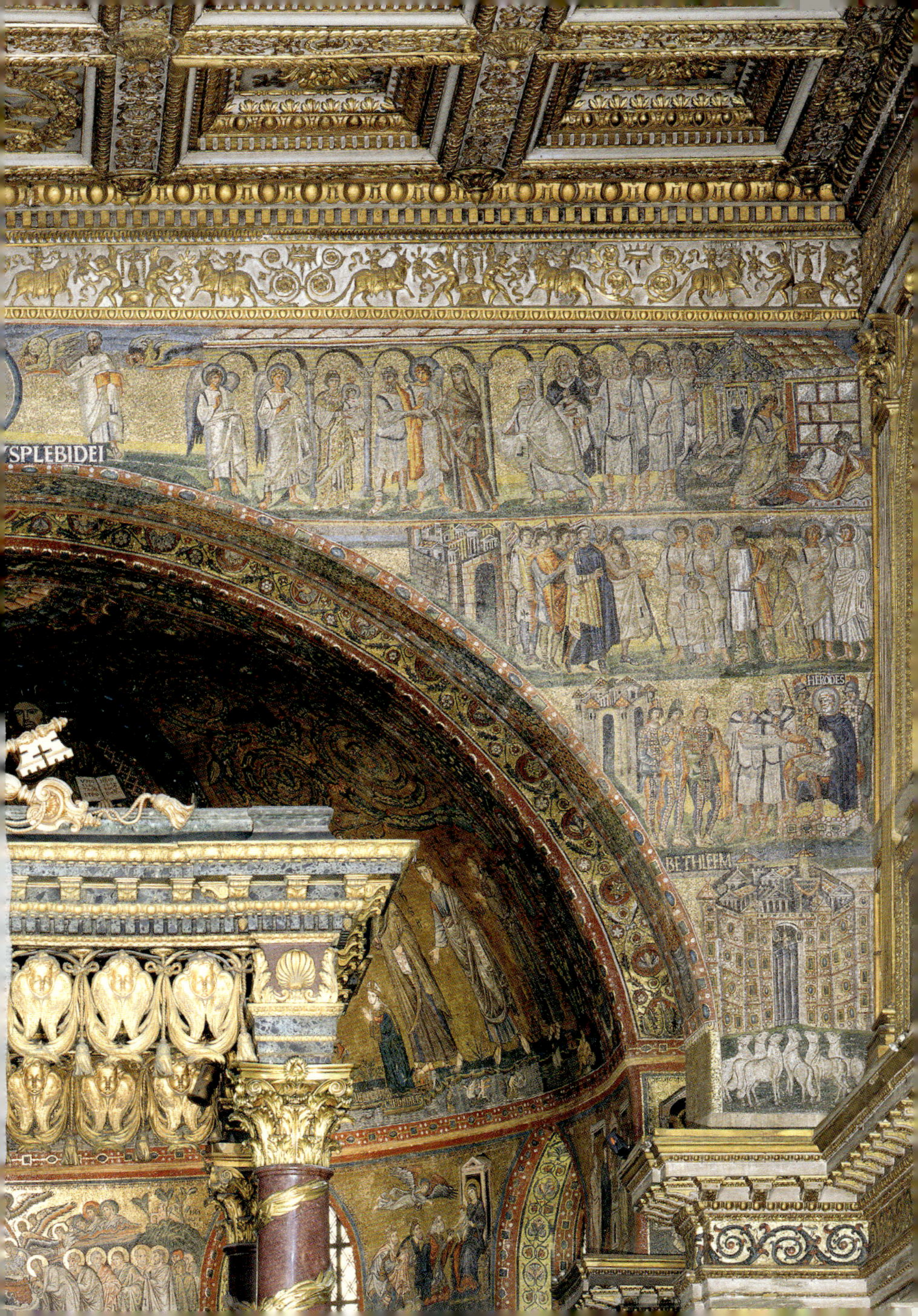
HERODES

Die Mosaiken am Triumphbogen und im Kirchenschiff als Ganzes betrachtet, sind von einem unterschiedlichen Stil geprägt: Am Triumphbogen und an den ersten drei Mosaiken auf beiden Seiten des Kirchenschiffes erkennt man einen monumentalen, auf den übrigen Bildern des Langhauses mehr einen erzählenden Stil. Der monumentale Stil zeigt sich in großen, feierlichen Figuren, die zu ruhigen, repräsentativ wirkenden Gruppen zusammengefasst sind. Beim erzählenden Stil sind die Figuren kleiner, bewegter, lebendiger und inmitten einer reichen Landschaft zu sehen.

Wir konzentrieren uns auf die Mosaiken im monumentalen Stil.

---

1 Die Verkündigung der Menschwerdung des Gottessohnes an Maria und Josef (1. Streifen, oben links)

Der Engel Gottes trifft fliegend bei Maria ein und überbringt ihr die Botschaft, sie sei von Gott zur Mutter des Sohnes Gottes ausersehen. Maria ist gerade dabei, Purpurfäden für den Tempelvorhang zu spinnen. Sie ist von Engeln umgeben. Auf die Frage der Jungfrau Maria, wie das geschehen solle – ihr goldenes Jungfrauenkostüm weist auf ihre jungfräuliche Unberührtheit hin –, antwortet der Engel: Der Heilige Geist wird über dich kommen und die Kraft des Höchsten Dich überschatten. Deshalb wird auch das Kind heilig und Sohn Gottes genannt werden (Lk 1, 35). Dabei zeigt er auf die Taube des Heiligen Geistes, die sich auf Maria niederlässt. Sie wird im biblischen Text nicht erwähnt, auch nicht die Anwesenheit von Engeln. In Erinnerung an das Erscheinen des Hl. Geistes in Gestalt einer Taube bei der Taufe Jesu am Jordan (Lk 3, 22), der die Gottessohnschaft Jesu bezeugt, wird in dieser Szene der Hl. Geist als Taube dargestellt. Die Taube wie die Engel als Begleiter Gottes haben in diesem Mosaik die Aufgabe, Gottes Anwesenheit und damit die Gottheit des empfangenen Kindes zu bekunden. Der Sohn Gottes hat mit seiner Menschwerdung nicht aufgehört, Gott zu sein. So hat es das Konzil von Ephesus in seiner Entscheidung gegen Nestorius ausdrücklich gelehrt.

Am Bild Mariens fällt nicht nur das goldene Cyclas-Kostüm einer hl. Jungfrau auf, sondern auch der rotorangene Wollstrang in ihren Händen – sie arbeitet am Tempelvorhang – und ihre Haltung. Ihr Blick ist intensiv. Sie ist überwältigt von der Anwesenheit Gottes in ihrem Kind, das bereits unter ihrem Herzen heranwächst. Nach Hebr 10, 20 lässt sich die Arbeit am Tempelvorhang als Bild für die Menschwerdung verstehen. Die werdende Mutter des Gottessohnes wird damit auch als Mutter Gottes vorgestellt. So wird die Ablehnung dieses Titels durch Nestorius augenfällig zurückgewiesen.

Die Zeugung des Marienkindes durch den Heiligen Geist und damit seine Gottheit ist auch das Thema der Verkündigung an Josef, den Bräutigam Mariens: *Josef, fürchte Dich nicht, Maria als Deine Frau zu Dir zu nehmen, denn das Kind, das sie erwartet, ist vom Hl. Geist.* (Mt 1, 20f.). Josef empfängt diese Botschaft durch einen Engel, nicht im Traum, wie in der Bibel berichtet (Mt 1, 20f.), sondern am helllichten Tag, aufrecht stehend.

Josef ist nicht als ein gewöhnlicher Mann dargestellt, sondern in der Tracht eines kaiserlichen Prinzen, als Sohn (des Königs) Davids, wie ihn der biblische Text (Mt 1,20) vorstellt.

Einmalig ist diese Kombination der Verkündigung sowohl an Maria als auch an Josef in der frühchristlichen Kunst. Deswegen darf man annehmen, dass sie mit einer spezifischen Botschaft verbunden ist, die lautet: Das von der hl. Jungfrau empfangene Kind hat nicht Josef, ihren Mann, zum Vater, sondern Gott. Dieses Mosaik verneint also die Vaterschaft Josefs ausdrücklich.

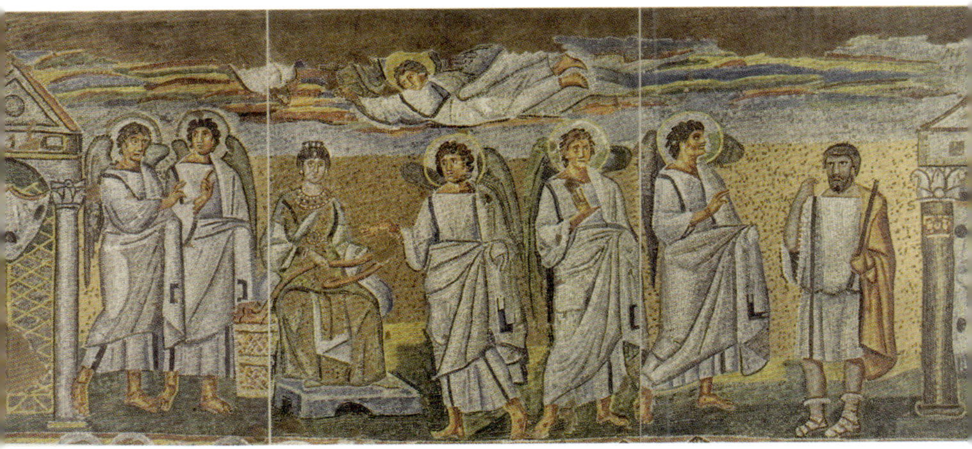

Abb. 4: Rom, S. Maria Maggiore, Triumphbogen, Mosaik: Verkündigung an Maria und Josef

2 Die Darstellung Jesu im Tempel (1. Streifen, oben rechts)

Die Eltern bringen das Kind Jesus in Jerusalem zum Tempel, um es Gott zu weihen. Die Augen fast aller Anwesenden sind auf dieses Kind gerichtet, das ihnen seine als hl. Jungfrau gekleidete Mutter präsentiert. Das himmlische Licht des Nimbus (ein Strahlenkranz) umspielt das Haupt des Kindes. Es ist also Gott selbst, der, von seinen Engeln begleitet, im Heiligtum des jüdischen Tempels erscheint. Die Prophetin Hanna begrüßt das Kind, ebenso der greise Simeon mit seinen ausgebreiteten Armen. An Simeons Gestalt ist etwas Seltsames. Sein Kopf entspricht dem Haupt des Apostels Petrus in der frühchristlichen Kunst. Damit erinnern die Bildgestalter an das Bekenntnis des Petrus, der höchsten Lehrautorität der Kirche, zu Jesus Christus als dem Sohn Gottes bei Caesarea Philippi (Mt. 16, 16–17) und wollen dem Betrachter eindringlich mitteilen, dass dieses Kind wirklich Gott selbst ist.

Entgegen dem Bibeltext haben die Gestalter dem Bild eine Gruppe

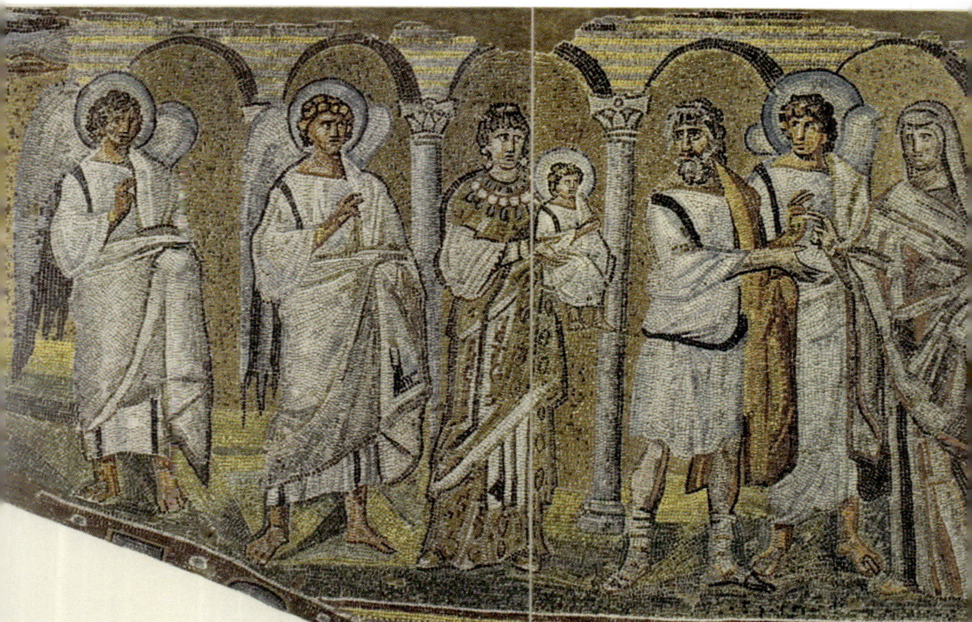

Abb. 5: Rom, S. Maria Maggiore, Triumphbogen, Mosaik: Darstellung Jesu im Tempel

jüdischer Tempelpriester mit zwei Hohepriestern an der Spitze hinzugefügt. Diese schauen Jesus an und weisen ihn mit ihrer Rechten zum geöffneten Tor des Tempels. Die Vorhänge am Eingang sind zurückgeschlagen. Der Weg in das Allerheiligste des Tempels ist frei, sodass man eintreten kann. Nach dem jüdischen Gesetz darf nur der Hohepriester das Allerheiligste betreten, und zwar nur einmal im Jahr am Jom Kippur. In diesem Bild treten die beiden Hohepriester mit den Tempelpriestern vor dem Kind zurück und weisen es mit ihrer Rechten zum offenen Tempel. So wird zum Ausdruck gebracht, dass dieses Kind nicht nur Gott, sondern auch der neue Hohepriester des Tempels ist.

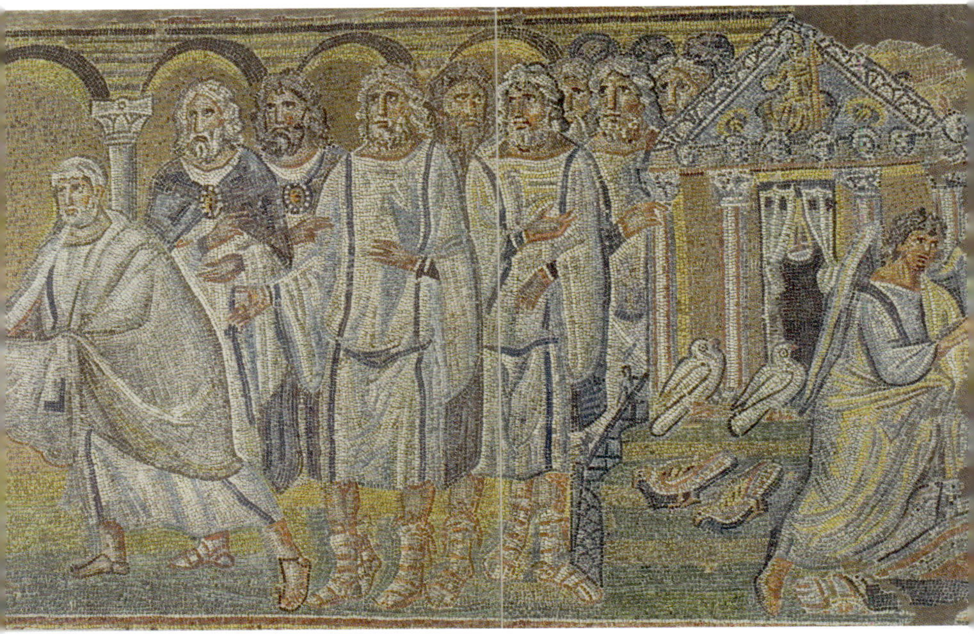

Das Giebelfeld des Tempels mit dem Bild der Roma (Ausschnitt)

Im Giebelfeld des Tempels ist die Göttin Roma abgebildet. Auch das ist eine vom Bibeltext abweichende Erfindung der Bildautoren: Damit wird das Geschehen im Tempel von Jerusalem nach Rom verlegt, der Hauptstadt des Römischen Reiches, dem Mittelpunkt der Kirche. Nicht mehr der Tempel von Jerusalem ist wie zur Zeit des Alten Testamentes das zentrale Heiligtum des Gottesvolkes, sondern die Kirche von Rom. Jesus, der Gottessohn, ist ihr Hohepriester. Sein Dienst ist mit der Kirche von Rom verbunden.

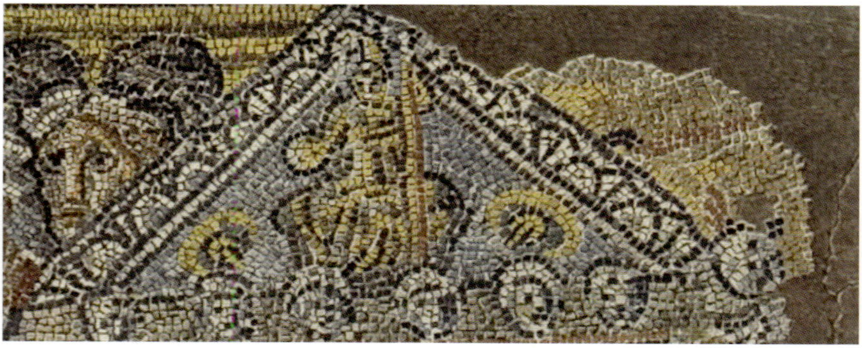

Abb. 6: Rom, S. Maria Maggiore, Triumphbogen, Mosaik:
Darstellung Jesu im Tempel, Ausschnitt: Giebel des Tempels mit der Roma

❸ Aufforderung Josefs zur Flucht nach Ägypten

(1. Streifen, oben rechts außen; fast zerstört)

Das Bild zeigt, wie ein Engel den schlafenden Josef aufweckt und ihn auffordert, mit Maria und dem Kind nach Ägypten zu fliehen. Auch in diesem Mosaik richtet sich die Bilderfolge nicht nach dem Ablauf der biblischen Ereignisse, sondern nach dem Einteilungsprinzip der Bilder des Triumphbogens. Dieses Mosaik ist den jüdischen Zeugnissen für Jesu Gottheit im ersten Register zugeordnet und widerspricht Nestorius, der die zugrundeliegende Schriftstelle ausdrücklich als Argument gegen die Gottheit Jesu verwendete.

Abb. 7: Rom, S. Maria Maggiore, Triumphbogen, Mosaik: Aufforderung Josefs zur Flucht nach Ägypten

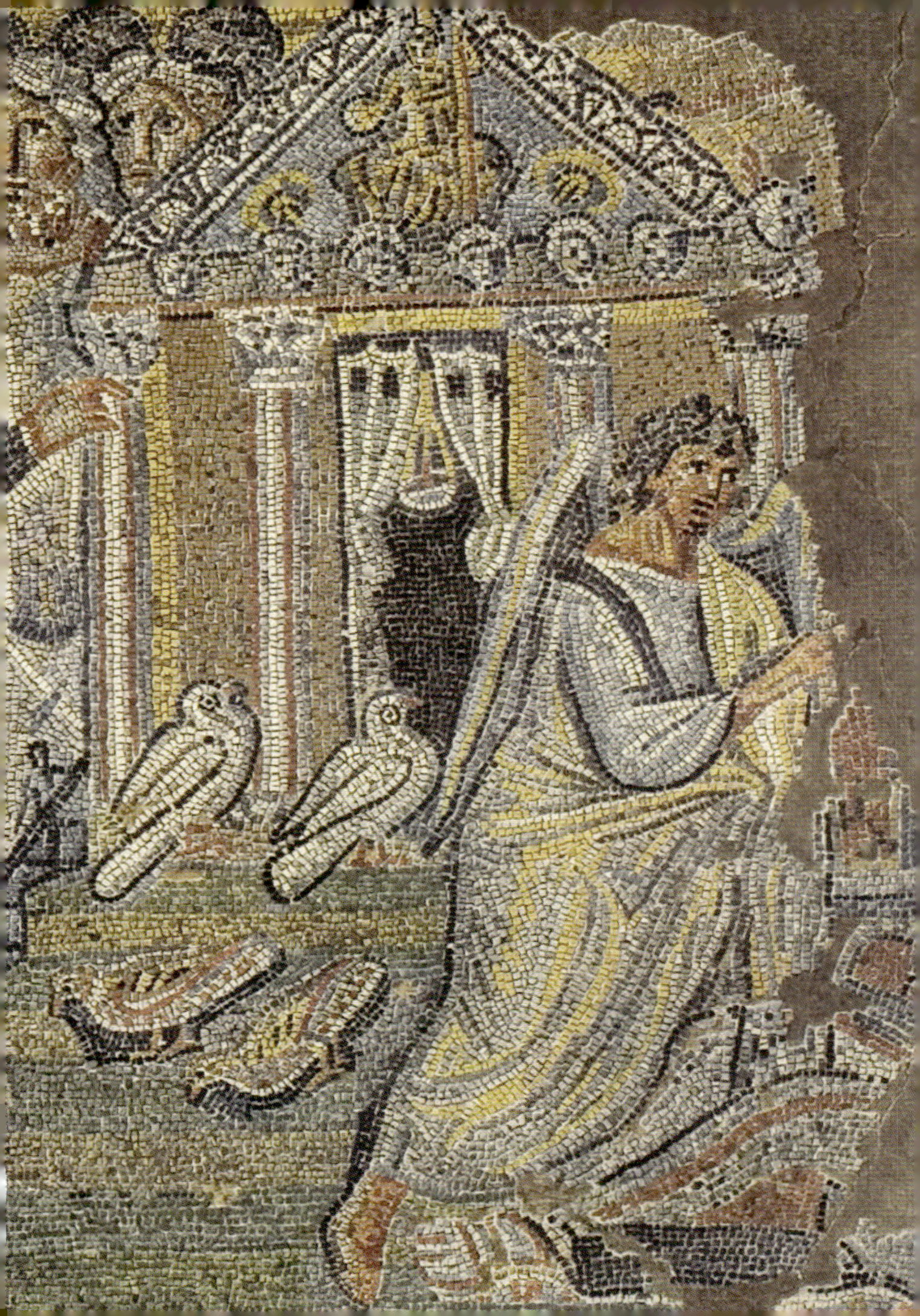

4 Die Huldigung der Magier vor dem Jesuskind

(2. Streifen, links)

Die Geschichte von der Huldigung der Weisen vor dem Jesuskind wäre nach dem biblischen Wortlaut (Mt 2, 9–12) einfach abzubilden gewesen: Die Magier nähern sich huldigend mit Geschenken in ihren Händen dem Kind auf dem Schoß seiner Mutter. Solch ein schlichtes Bild war für dieses Thema in der frühchristlichen Kunst die Regel. Doch es genügte den Künstlern und ihren Auftraggebern für S. Maria Maggiore nicht. Königtum und Gottheit dieses Kindes sollten den Betrachter überwältigen. Deswegen wird Jesus im Zeremoniell des spätrömischen Kaiserhofs dargestellt. Er thront wie der Augustus des Imperium Romanum allein auf einem goldenen, mit Perlen und Edelsteinen besetzten Kaiserthron des Römischen Reiches. Kein Herrscher

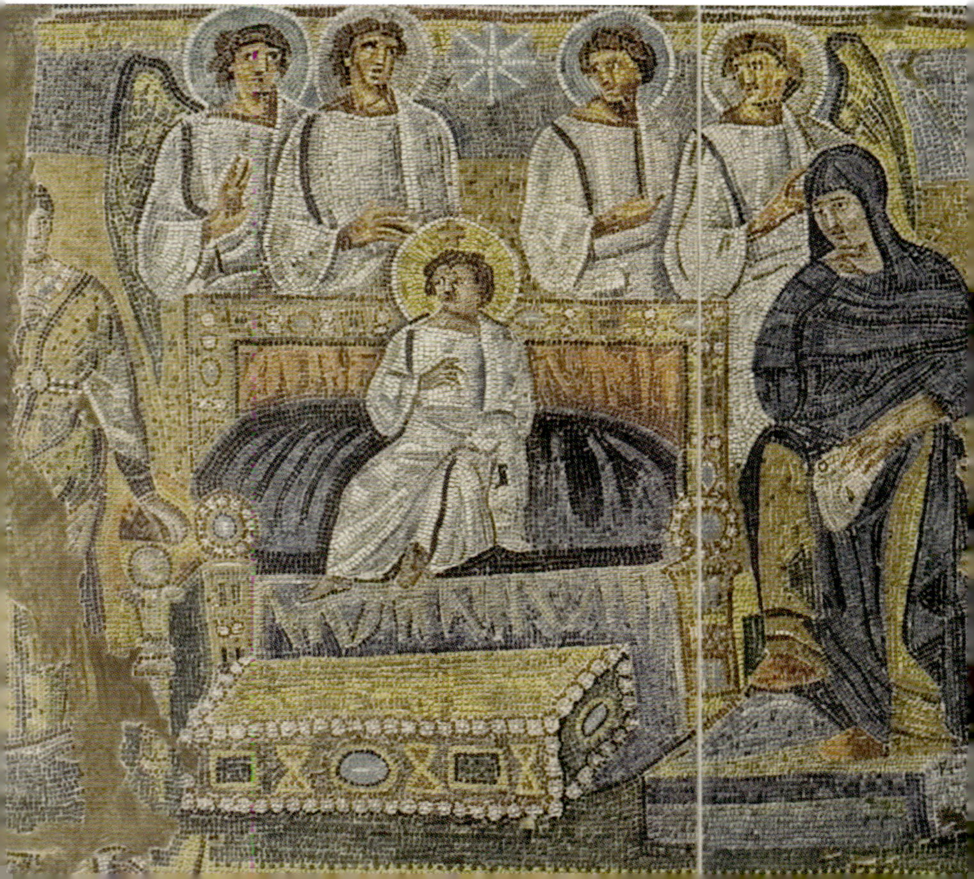

der Welt kann sich mit ihm messen: Er ist Gott. Engel stehen hinter seinem Thron, und der Stern über seinem Haupt ist nicht nur der Stern von Bethlehem, sondern, wie auf den gleichzeitigen Bildern von Göttersöhnen und Kaisersöhnen, Zeichen seiner Würde als Sohn Gottes, Gott und Königssohn. Diesem jungen Herrscher und Gott huldigen nicht gewöhnliche Magier, sondern Könige der Sasaniden, die damaligen Herrscher des mächtigen Perserreiches. Sie anerkennen dieses Kind als ihren Gott und König, indem sie ihm Gold, Weihrauch und Myrrhe auf kaiserlichen Präsentiertellern darbringen. Dieser göttliche Königssohn ist also auch Herrscher über das Reich der Barbaren.

Dabei hat Maria, wie das Hofzeremoniell für die Mutter des Herrschers es vorschreibt, auf einem eigenen Thron rechts von ihrem Sohn Platz genommen. Sie wird dem Volk Gottes im Rang einer Kaisermutter vorgestellt. Dem entspricht ihr goldenes Cyclas-Kostüm, das auch die Tracht der kaiserlichen Matronen war.

Die eigentliche Überraschung in diesem Magierbild ist die Gestalt der Frau zur Linken des Kindes. Sie kommt in der biblischen Geschichte nicht vor. Eine königliche Frau, gekleidet in eine goldene Stola und eine schwarzblaue Palla, einen Mantel aus schwarzblauem Purpur, betrachtet die Ankunft der Magier. Es ist Sybille von Eritrea, die heidnische Star-Prophetin der griechisch-römischen Welt. Ihre Prophezeiungen von der Ankunft des Königs vom Himmel und vom Erscheinen der Weisen erfüllen sich nun. Die Buchrolle mit ihren Prophezeiungen hält sie geöffnet in ihrer Linken. Damit wird sie zur Zeugin für die Zuverlässigkeit der Botschaft über dieses Kind: Das Kind ist der vom Himmel erwartete Gottessohn und göttliche König.

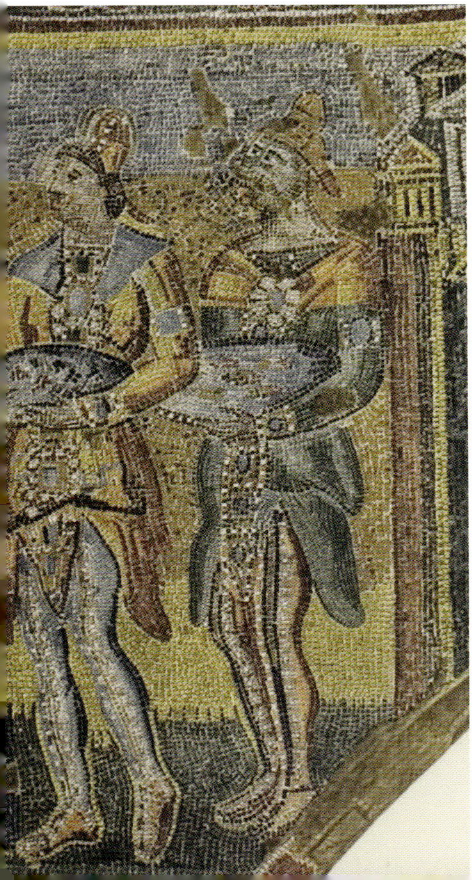

Abb. 8: Rom, S. Maria Maggiore, Triumphbogen, Mosaik: Huldigung der Magier

5 Kaiser Augustus und Vergil begegnen dem Jesuskind und seinen Eltern (2. Streifen, rechts)

Das Kind Jesus als Gott und als König ist die Hauptperson dieses Mosaikstreifens. Dem Jesuskind folgen sein Pflegevater und dann erst seine Mutter. Dem Gottessohn begegnet an der Spitze eines Trupps von Soldaten ein Fürst mit einem glatten, weißen Diademband und einem Mantel aus schwarzblauem Purpur mit Fibel, Chlamys genannt. Viel spricht dafür, dass es sich bei dieser Person um Kaiser Augustus (63 v. Chr.–14 n. Chr.) handelt. Er war Zeitgenosse von Jesus. Augustus tritt in diesem Mosaik als Friedensfürst auf. Er trägt nicht die Uniform eines kriegsführenden Kaisers, also Panzer, Schwert und Schild, sondern das kaiserliche Friedenskostüm. Auch die Soldaten sind ohne Waffen. Sie führen keine Helme, keine Rüstungen und Schilde mit sich. Die Ausrüstung der Soldaten passt zu Kaiser Augustus und seiner sprichwörtlichen Friedensherrschaft.

Begleitet wird Kaiser Augustus von einem Mann, der nur ein Pallium auf der nackten Haut trägt, sich mit der

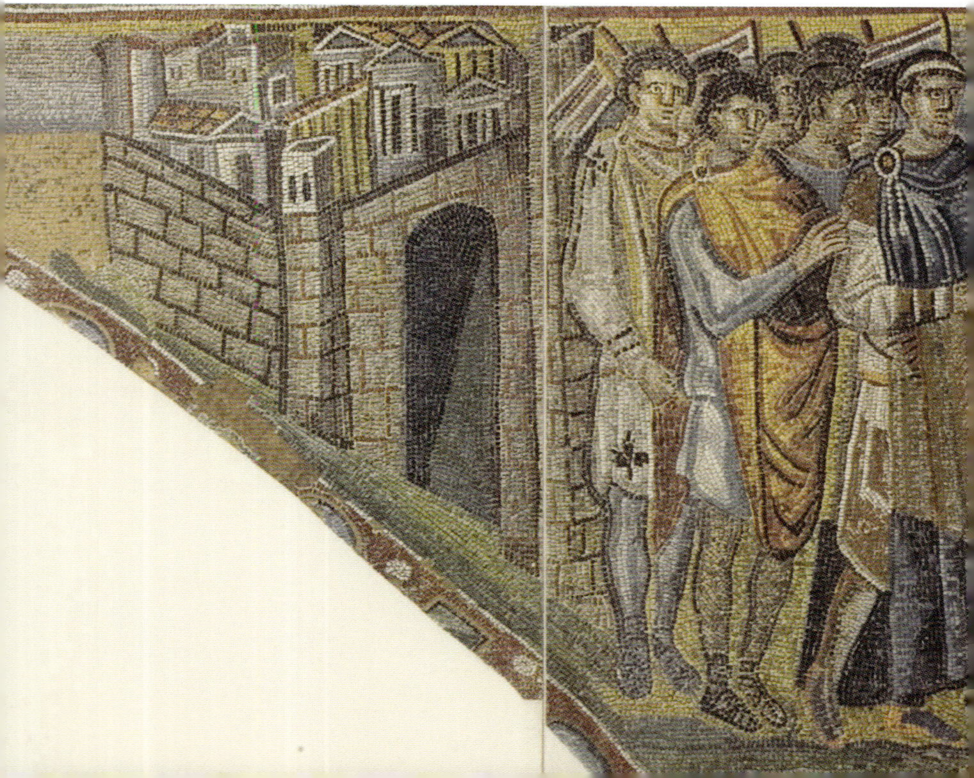

linken Hand auf einen knorrigen Stab stützt und mit der rechten Hand den Kaiser auf das Jesuskind hinweist. Es ist der römische Dichter Vergil (70–19 v. Chr.). Er war Zeitgenosse des Kaisers Augustus. Bei den gebildeten Christen der Spätantike war er wegen seiner berühmten Prophezeiung der Geburt eines göttlichen Kindes bekannt und verehrt. Im Bild weist Vergil den Kaiser Augustus darauf hin, dass dieses Kind der von ihm vorausgesagte „Spross aus himmlischen Höhen" ist, und dass sich somit seine Vorhersage erfüllt hat. Damit wird Jesus auch den Heiden glaubwürdig als Gottessohn und Retter präsentiert.

Für diese Darstellung gibt es keine entsprechende Textstelle in der Literatur. Die Prophezeiung des Vergil ist jedoch belegt. Das Ambiente für die Begegnung des Kaisers und Vergils mit dem Jesuskind haben die Bildschöpfer erfunden.

Diese Szene ist zusammen mit der erfüllten Prophetie der Sybille von Eritrea eine Einladung auch an die Heiden zum Glauben an Jesus von Nazareth, den Mensch gewordenen Gottessohn.

Abb. 9: Rom, S. Maria Maggiore, Triumphbogen, Mosaik: Die Begegnung von Kaiser Augustus und Vergil mit dem Jesuskind

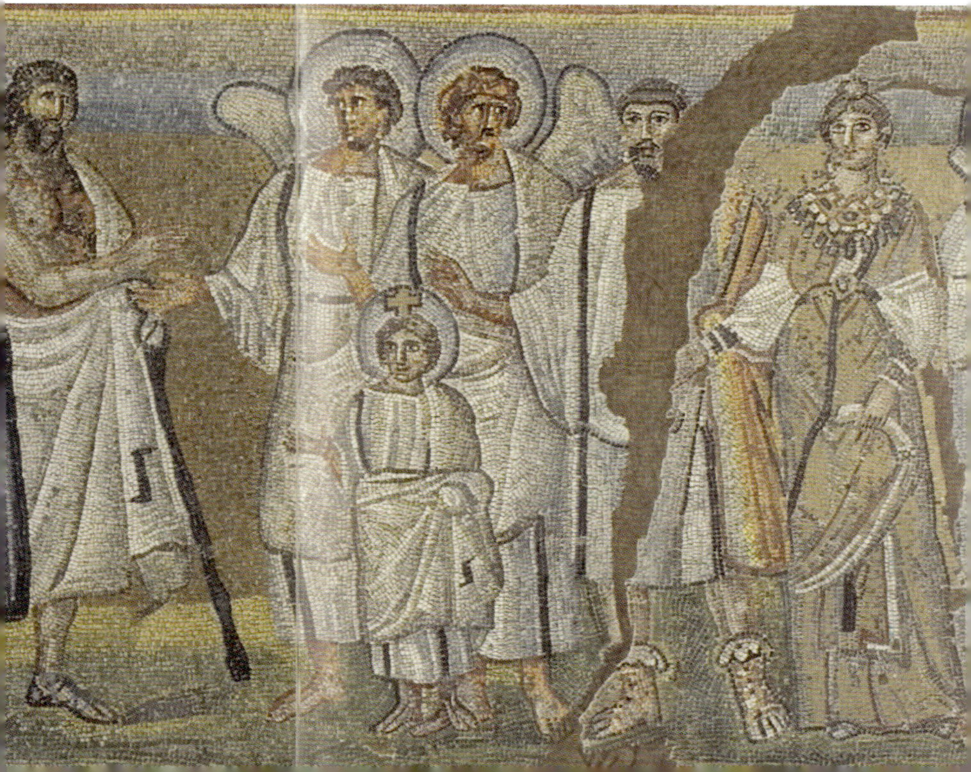

6 Der Befehl zum Kindermord in Bethlehem

(3. Streifen, links)

Vergleicht man die biblische Geschichte vom Kindermord von Bethlehem (Mt. 2, 16–18) mit diesem Mosaik, fallen erhebliche Unterschiede auf. Zwar erteilt Herodes (ganz links) in der Uniform eines kaiserlichen Feldherrn den Befehl zum Kindermord. Doch der Soldat in kurzer Chlamys mit

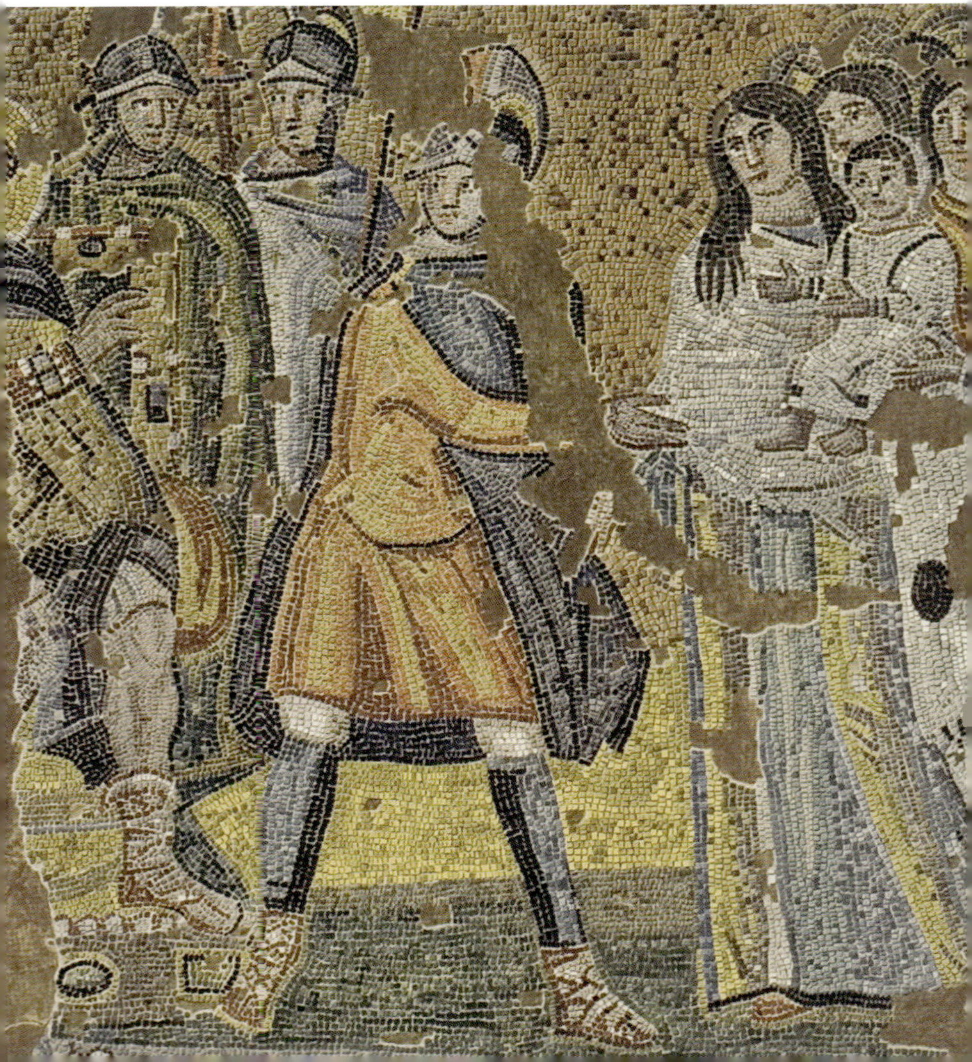

orangener Ärmel-Tunika vor seinem Thron, der den Befehl empfängt, trägt kein Schwert. Auch werden die dargestellten Kinder nicht getötet, sondern sie begrüßen sogar ihre Mörder mit erhobener Hand. Die Mütter kennen jedoch die Gefahr. Für ihre Angst spricht deutlich ihr leicht geneigter Kopf, ihr Schmerz kommt darin zum Ausdruck, dass sie sich mit aufgelösten Haaren dicht aneinander drängen.

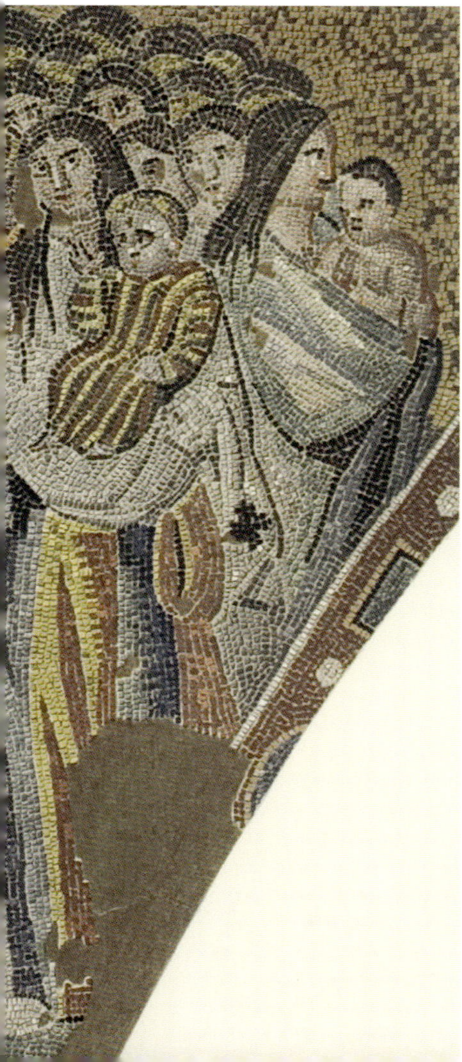

Glücklicherweise ist eine Predigt des damaligen Erzbischofs von Ravenna, Petrus Chrysologus († 451), überliefert, die man als eine Erklärung zu diesem Bild verstehen kann. Der Erzbischof will hervorheben: „Mütter und Kinder erleiden das Martyrium, jedoch auf verschiedene Weise: die Mütter durch Angst, Schmerzen und Tränen, die Kinder durch den Tod und indem sie dem Tod zujubeln."

Die Einbeziehung der Mütter in die Märtyrerverehrung ist neu in der frühchristlichen Sicht des Kindermordes. Dagegen geht die Verehrung der Kinder als Märtyrer auf eine längere Tradition zurück. Herodes ist machtlos gegenüber dem Kind Jesus, weil er das Zeugnis der Kinder von Bethlehem und ihrer Mütter für den Sohn Gottes nicht verhindern kann. Ein Zeichen dieser Machtlosigkeit ist wohl, dass das Schwert in der Hand des Soldaten fehlt.

Abb. 10: Rom, S. Maria Maggiore, Triumphbogen, Mosaik: Befehl zum Kindermord in Bethlehem

7 Die Magier und die Hohepriester bei Herodes (3. Streifen, rechts)

Auch dieses Mosaik folgt nicht der biblischen Reihenfolge. Nach dem Matthäus-Evangelium geht der Besuch der Magier bei Herodes dem Kindermord voraus. Die Magier sind in Jerusalem angekommen und fragen nach dem neugeborenen König der Juden, dessen Stern sie im Morgenland gesehen haben (Mt 2, 1–8). Im vorliegenden Mosaik sind zwei aufeinanderfolgende Ereignisse als gleichzeitige ins Bild gesetzt: die Befragung der Hohepriester (Mt. 2, 4) nach dem Geburtsort des Messias und die Unterrichtung der Weisen durch Herodes (Mt. 2, 7). Den Mittelpunkt der Szene bildet die aufgeschlagene Buchrolle des Propheten Micha (Mi 5,1). Sie nennt Bethlehem als Geburtsort des kommenden Messias-Königs. Herodes teilt den Namen dieses Geburtsorts den Weisen mit.

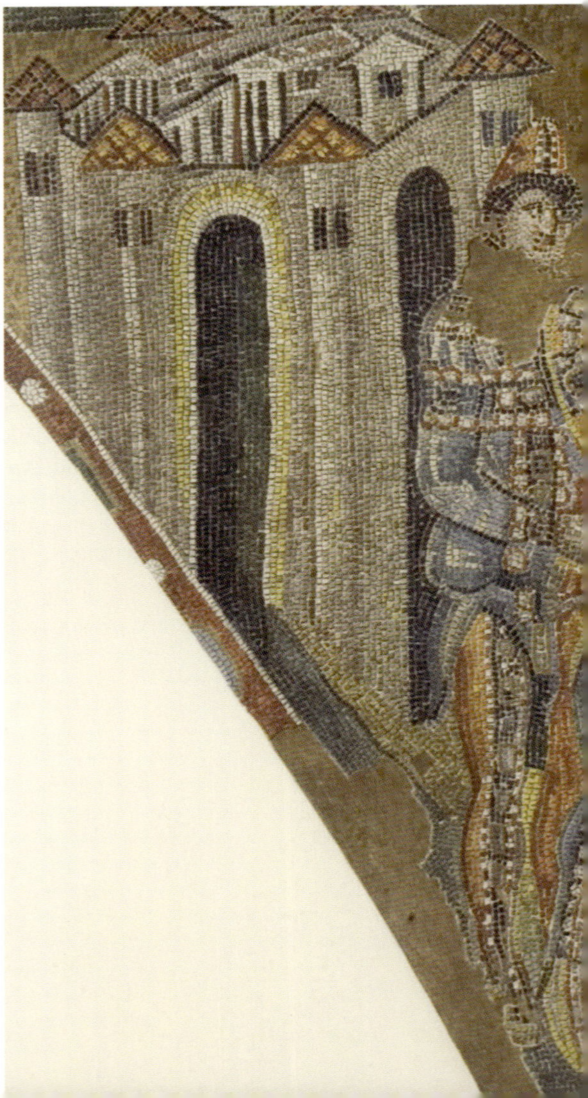

Abb. 11: Rom, S. Maria Maggiore, Triumphbogen, Mosaik: Die Magier und die Hohepriester bei Herodes

Die beiden Herodes-Bilder – der Kindermord links und die Audienz der Magier bei Herodes rechts – sind zwar, verglichen mit der biblischen Reihenfolge, zeitlich vertauscht, aber trotzdem miteinander verbunden. Herodes trägt die Feldherrn-Uniform auch bei der Audienz für die Magier, obwohl sie zur Situation nicht passt. Aber sie drückt seine feindliche Haltung gegenüber dem Gottessohn aus – sie kennzeichnet den Herodes des Kindermordes ebenso wie den Herodes bei der Auskunft an die Magier.

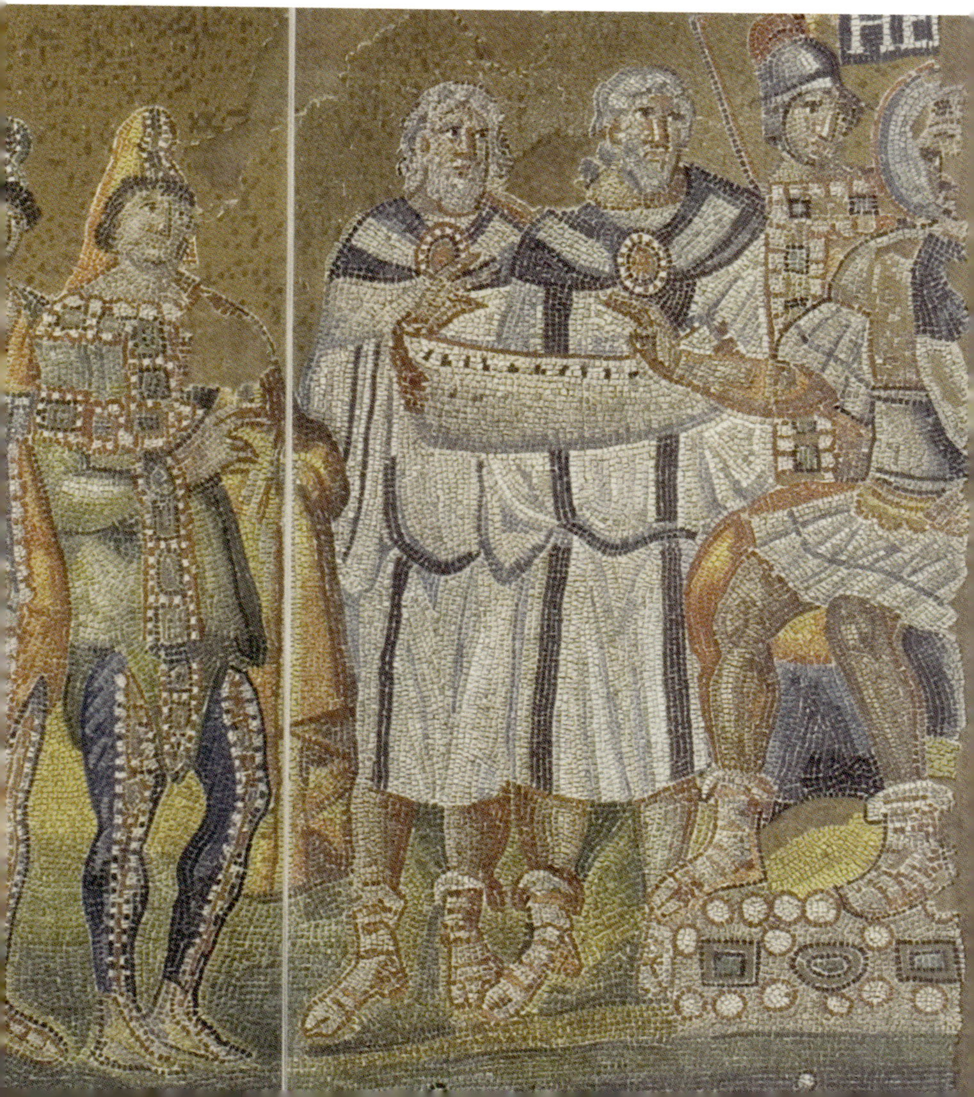

8 9 Die mit Edelsteinen geschmückten Städte Jerusalem und Bethlehem (unterster Streifen)

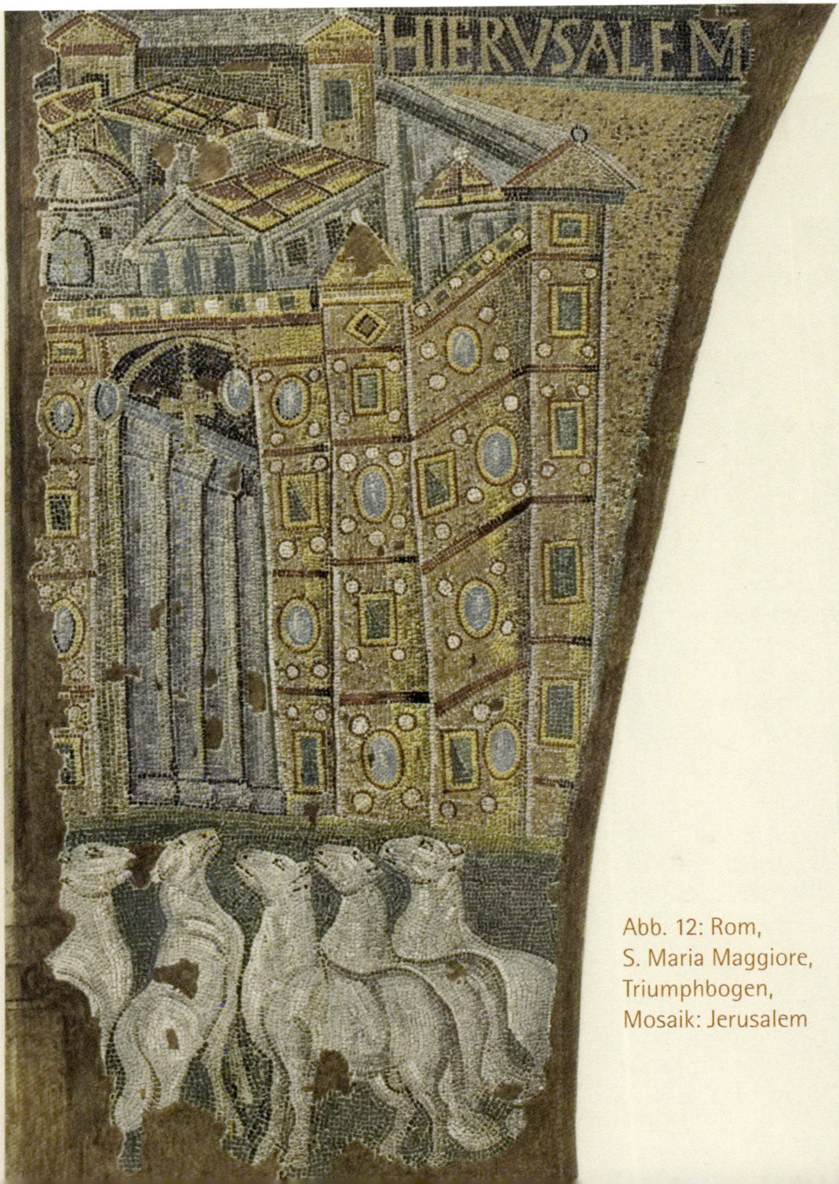

Abb. 12: Rom, S. Maria Maggiore, Triumphbogen, Mosaik: Jerusalem

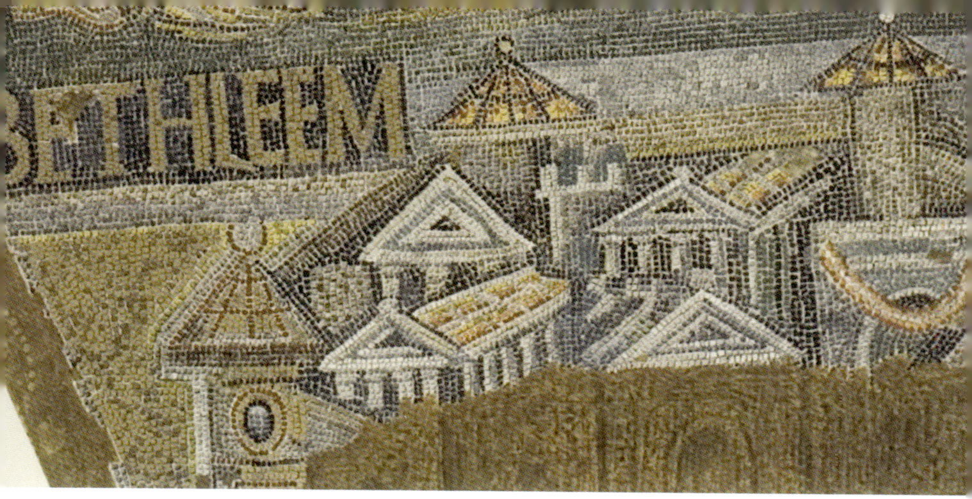

Abb. 13: Rom, S. Maria Maggiore, Triumphbogen, Mosaik: Bethlehem

Bethlehem und Jerusalem sind die historischen Städte der Geburt, der Kreuzigung und der Auferstehung Jesu Christi. Das Jerusalem im Bild ist nicht das himmlische, eschatologische Jerusalem. Denn das hätte einen quadratischen Grundriss (Apk 21, 16), keinen sechseckigen wie diese Stadtabbreviatur. Es ist das irdische Jerusalem.

Das Jerusalem des Mosaiks ist mit Edelsteinen geschmückt, vor allem mit hellblauem Jaspis (Saphir). Der biblische Text (Apk 21, 18–21) spricht vom Stadtschmuck an den Mauern des himmlischen Jerusalems und verweist damit auf die Anwesenheit Gottes als Bewohner dieser Stadt (Apk 21, 1–4). Der Schmuck im Mosaik ist auf das irdische Jerusalem und auf Bethlehem übertragen, um zu verdeutlichen, dass Gott selbst in der Gestalt von Jesus Christus Einwohner dieser Städte war.

Die zwölf Schafe vor den Toren Jerusalems und Bethlehems versinnbildlichen die Herde Christi, also die gläubige Christenheit. Die ganze Kirche ist vor den Toren Bethlehems und Jerusalems versammelt und verehrt im gläubigen Aufschauen Jesus Christus als wahren Gott sowohl bei seiner Geburt wie auch bei seiner Kreuzigung und Auferstehung.

Dieser Streifen mit Jerusalem und Bethlehem verortet außerdem das Leben des göttlichen Kindes Jesus auf der Erde. Jesus, der Gottessohn, ist ein Sohn dieser Erde. Bethlehem ist seine Geburtsstadt und Jerusalem die Stadt seines Sterbens und seiner Auferstehung.

10 Das Scheitelmosaik (1. Streifen, Mitte)

Das Scheitelmosaik zeigt die Inthronisation des Mensch gewordenen, gekreuzigten und auferstandenen Jesus Christus als Gott und himmlischen König auf dem von einem kreisrunden Medaillon umgebenen Thron des Himmels. Es ist ein in der frühchristlichen Kunst einmaliger kaiserlicher Juwelenthron, versehen mit seitlich angebrachten Löwenköpfen, die vom Thron der Roma stammen. Das mit Edelsteinen und Perlen verzierte goldene Kreuz auf diesem Thron symbolisiert den gekreuzigten und auferstandenen Christus. Zu Füßen des Kreuzes liegen ein schwarzblaues Pallium, ein privater kaiserlicher Purpurmantel, der zum offiziellen Königsmantel Christi wurde, und ein kaiserliches Juwelendiadem zum Zeichen, dass der Mensch gewordene Gottessohn zum König des Himmels gekrönt ist. Die vier lebenden Wesen im Wolkenhimmel im Hintergrund zu beiden Seiten des Throns anerkennen Christi Gottheit und Herrschaft, indem sie, wie das Krönungszeremoniell es vorschreibt, Goldkränze darbieten. Petrus und Paulus beiderseits des Thrones huldigen als Vertreter der Kirche auf Erden und der Kirche Roms nach dem Krönungszeremoniell dem Gottessohn zum Antritt seiner Herrschaft.

Entscheidend ist, dass auf dem himmlischen Thron der Mensch gewordene Gottessohn, verkörpert durch sein Kreuz und seine Herrscherinsignien, Platz genommen hat und nicht Gottvater, wie es der biblische Text vorgibt.

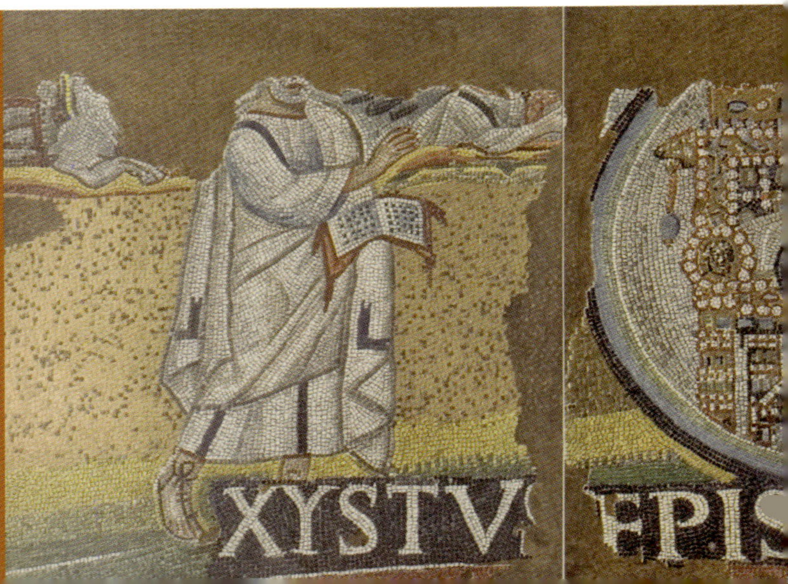

Damit wird die auf Gottvater zentrierte Textaussage im Bild auf den Mensch gewordenen Gottessohn übertragen. Somit wird Christus dem Volk Gottes nach der Lehre des ersten Allgemeinen Konzils von Nicäa (325) als Gottvater in der Gottheit wesensgleich vorgestellt. Es ist das Herzstück des Glaubens an Christus, das Nestorius missachtet.

Für die Wiederkunft Christi am Ende der Zeiten spricht im Mosaik die mit sieben Siegeln verschlossene Buchrolle auf dem Fußkasten des Thrones. Sie enthält die kommenden, schrecklichen, apokalyptischen Ereignisse (Apk 5–6) und ist deswegen verschlossen.

Das Ensemble ist ähnlich den Bildern einer kaiserlichen Beamteninvestitur gestaltet. Christus, der ewige Gott und ewige König, setzt Xystus III. als Bischof von Rom und Nachfolger des hl. Petrus unter den Akklamationen der beiden Apostelfürsten und Stadtgründer des christlichen Rom ein.

Römisch-heidnischen Ursprungs ist die vom Text der Apokalypse abweichende Darstellung des Thrones Gottes mit den Löwenköpfen zu beiden Seiten des Sitzes. Es ist der Thron der Göttin Roma, das Sinnbild Roms und seines Weltreiches, auf dem Christus Platz genommen hat. Dadurch wird zum Ausdruck gebracht: Jesus Christus ist der Herr über die Stadt Rom und das Römische Reich, nicht die Göttin Roma. Es deutet sich hiermit eine neue, eine christliche Sicht der Romidee und römischen Reichsidee an.

Abb. 14: Rom, S. Maria Maggiore, Triumphbogen, Scheitelmosaik: Die Inthronisation des Mensch gewordenen, gekreuzigten und auferstandenen Jesus Christus

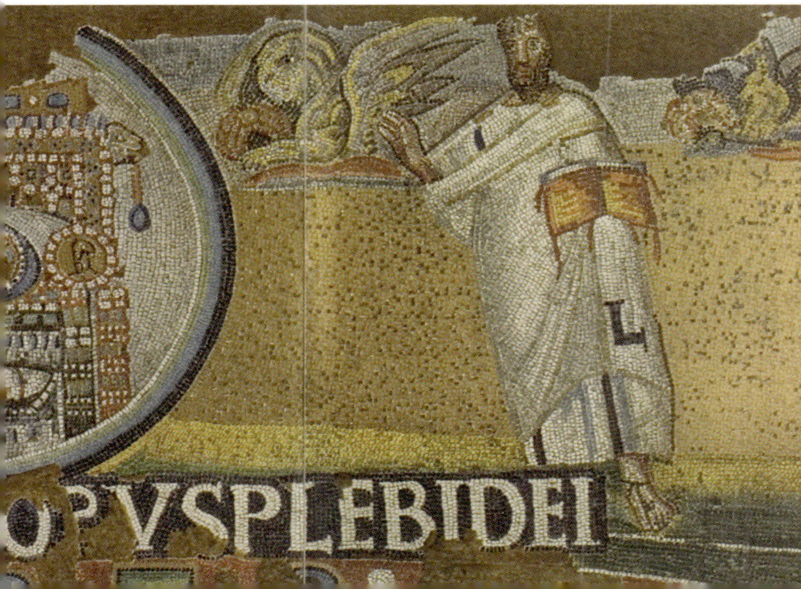

Das verlorene Apsismosaik

Das ursprüngliche Apsismosaik wurde bei einem Umbau unter Papst Nikolaus IV. (Amtszeit: 1288–1292) zerstört. Über das originale Bild kann man nur spekulieren.

Man muss davon ausgehen, dass es erst entworfen wurde, nachdem die Bildthemen für die einzelnen Mosaiken des Triumphbogens feststanden. Die Apsis- und Triumphbogenmosaiken bildeten eine Einheit. Das Apsismosaik war das Zentrum der Botschaft: Christus ist der Gottessohn und wahrer Gott. In den einzelnen Szenen des Triumphbogens ging es darum, dem Volk Gottes Christus in seiner menschlichen Gestalt glaubwürdig als allmächtigen Gott und Sohn Gottes vorzustellen. Dieser Absicht entsprach ein Christus in ganzer Figur wohl besser als eine Christusbüste, vielleicht auf einer Wolke stehend oder auf einem Thron sitzend und von Engeln umgeben.

① Die Begegnung Melchisedeks mit Abraham (linke Seite, 1. Mosaik)

Das Zusammentreffen Abrahams mit Melchisedek nach Abrahams Sieg über die Könige bezieht man gewöhnlich auf die Begegnung der beiden Männer, wie sie die Bibel (Gen. 14, 18–20) beschreibt. Melchisedek spendet dabei Abraham Brot und Wein. Während in der Bibel aber Abraham die Hauptrolle einnimmt, fällt im Mosaik die Verselbstständigung Melchisedeks gegenüber Abraham auf. Melchisedeks Figur steht im Zentrum des Bildes. Sie ist durch ihre Größe hervorgehoben und nimmt mit den Opfergaben den weitaus größeren Teil der Bildfläche ein. Ferner ist in dieser Darstellung die biblische Gabenspende Melchisedeks an Abraham umgeformt zu einem Opfer Melchisedeks an Gott. Dabei trägt Melchisedek die Amtstracht eines jüdischen Hohepriesters, wovon im biblischen Text nicht die Rede ist.

Weitere Besonderheiten sind: Gottvater wendet sich der Person Melchisedeks zu, nicht dessen Opfergaben Brot und Wein. Gottvater zeigt dabei eine tiefe Emotion. Er ist erschüttert von der Person Melchisedeks. Zu diesem Detail könnte der Hebräerbrief eine Erklärung bieten. Der Brief nennt Melchisedek Abbild des Sohnes Gottes und als Hohepriester Urbild des Hohepriesters Christus (Hebr 7,3.7). Das erklärt auch, warum dieses Mosaik die erste Stelle unter den folgenden Abrahamsbildern einnimmt, obwohl die Begegnung Abrahams mit Melchisedek in der Reihenfolge der biblischen Abrahamsgeschichten an zweiter Stelle steht. Die Gründe dafür sind sicher: Das Opfer des Hohepriesters Melchisedek ist Vorbild der Eucharistie, die in unmittelbarer Nähe am Altar der Marienkirche gefeiert wird, ferner die zentrale Bedeutung der Eucharistie im Konflikt mit Nestorius.

Abb. 15: Rom, S. Maria Maggiore, linke Langhauswand, 1. Mosaik: Begegnung Melchisedeks mit Abraham

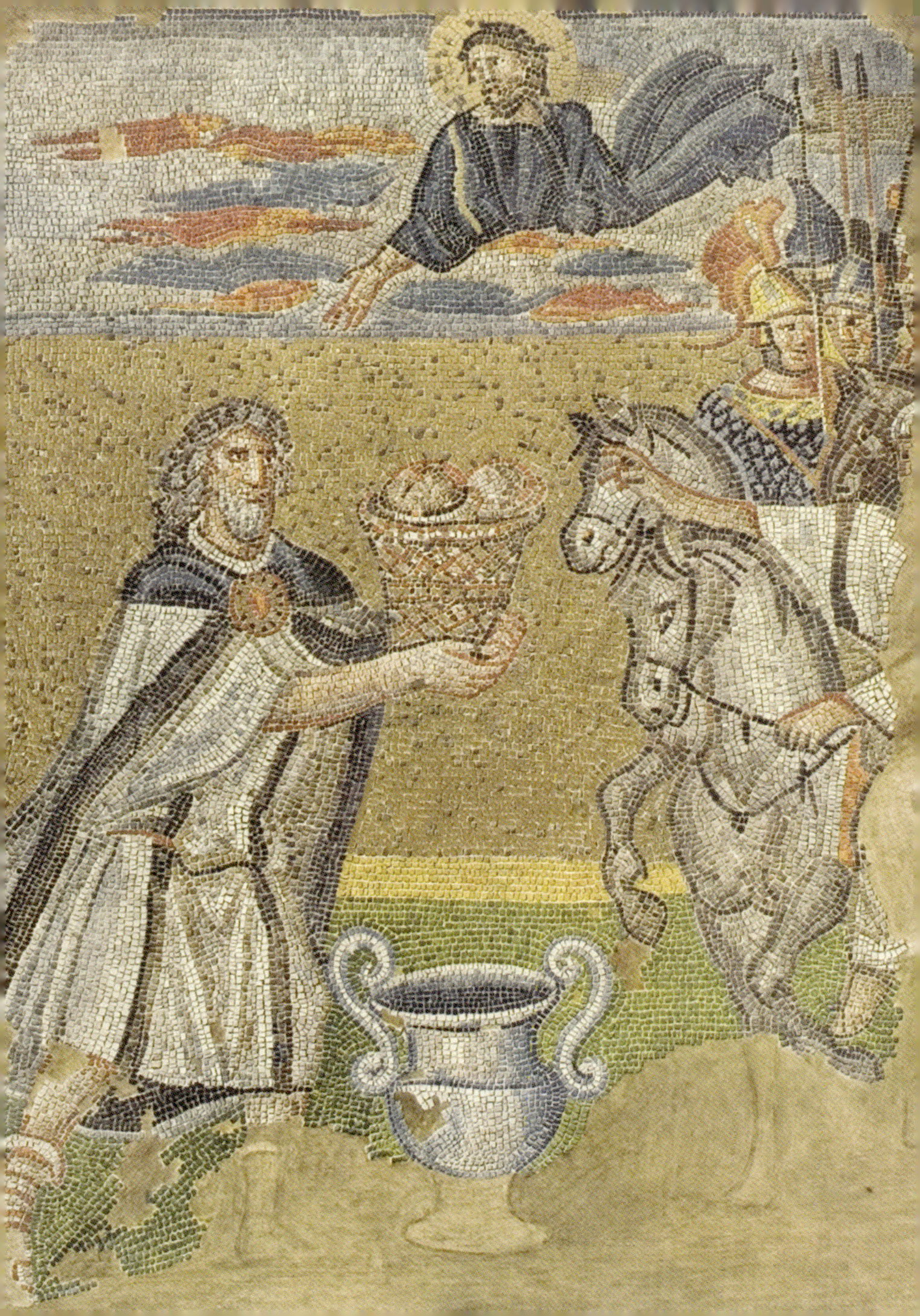

② Die Begrüßung der drei Männer durch Abraham (linke Seite, 2. Mosaik, oberer Teil)

Wer sind diese Männer, die Abraham ehrfürchtig begrüßt? Sind sie himmlische Gestalten? Sie stehen nicht auf dem Erdboden, sondern schweben leicht, haben eine feurige Hautfarbe wie manche Engel auf den Triumphbogenmosaiken und tragen einen Nimbus (Strahlenkranz um den Kopf) wie sonst Gott oder die Engel. Der Mittlere mit der Mandorla (Strahlenkranz um die ganze Person) scheint eine göttliche Person zu sein, weil in den Mosaiken von S. Maria Maggiore nur Gott selbst mit der Mandorla dargestellt wird und auf einer feurigen Wolke steht. Ikonographisch lässt sich nicht entscheiden, ob der Vater oder der Sohn Gottes hier zu sehen ist. Für Christus spricht die Begegnung Abrahams mit Christus nach einer Schriftstelle im Johannes-Evangelium. Jesus sagt bei der Auseinandersetzung mit den Schriftgelehrten über sein Alter folgende Worte: *Euer Vater Abraham jubelte, weil er meinen Tag sehen sollte. Er sah ihn und freute sich* (Joh 8, 56). Bei den beiden anderen Figuren im Mosaik, die von niederer Würde sind, dürfte es sich um Engel handeln. Theologen der Spätantike zitierten diese Schriftstelle oft als Beleg dafür, dass Christus schon vor seiner Menschwerdung als ewiger Sohn Gottes existiert hat. In der Auseinandersetzung mit Nestorius war dieses Schriftwort die Bestätigung des göttlichen Wesens Christi, weil es belegte, dass Christus schon vor seiner irdischen Existenz wirkte.

③ Die Bewirtung der drei Männer durch Abraham (linke Seite, 2. Mosaik, unterer Teil)

Das Thema des unteren Bildteiles ist die Bewirtung der drei Männer durch Abraham. Entsprechend der biblischen Geschichte (Gen 18, 1–10) backt Sara auf die Bitte ihres Mannes Kuchen für die drei Gäste. Sie haben zum Mahl Platz genommen, nicht im Gras unter dem Baum, wie im Bibeltext geschildert. Abraham präsentiert ihnen den fertigen Kalbsbraten. Auf dem Tisch befinden sich drei Brote. Die Männer sind ins Gespräch vertieft. Abraham wechselt mit Sara vielsagende Blicke. Weder vom Gespräch der Männer noch vom Blickwechsel Abrahams mit Sara ist im Bibeltext die Rede. Die Gesten zwischen Abraham und Sara sind auch aus dem Zusammenhang der biblischen Geschichte zu verstehen. Der Herr hatte verheißen, dass Sara,

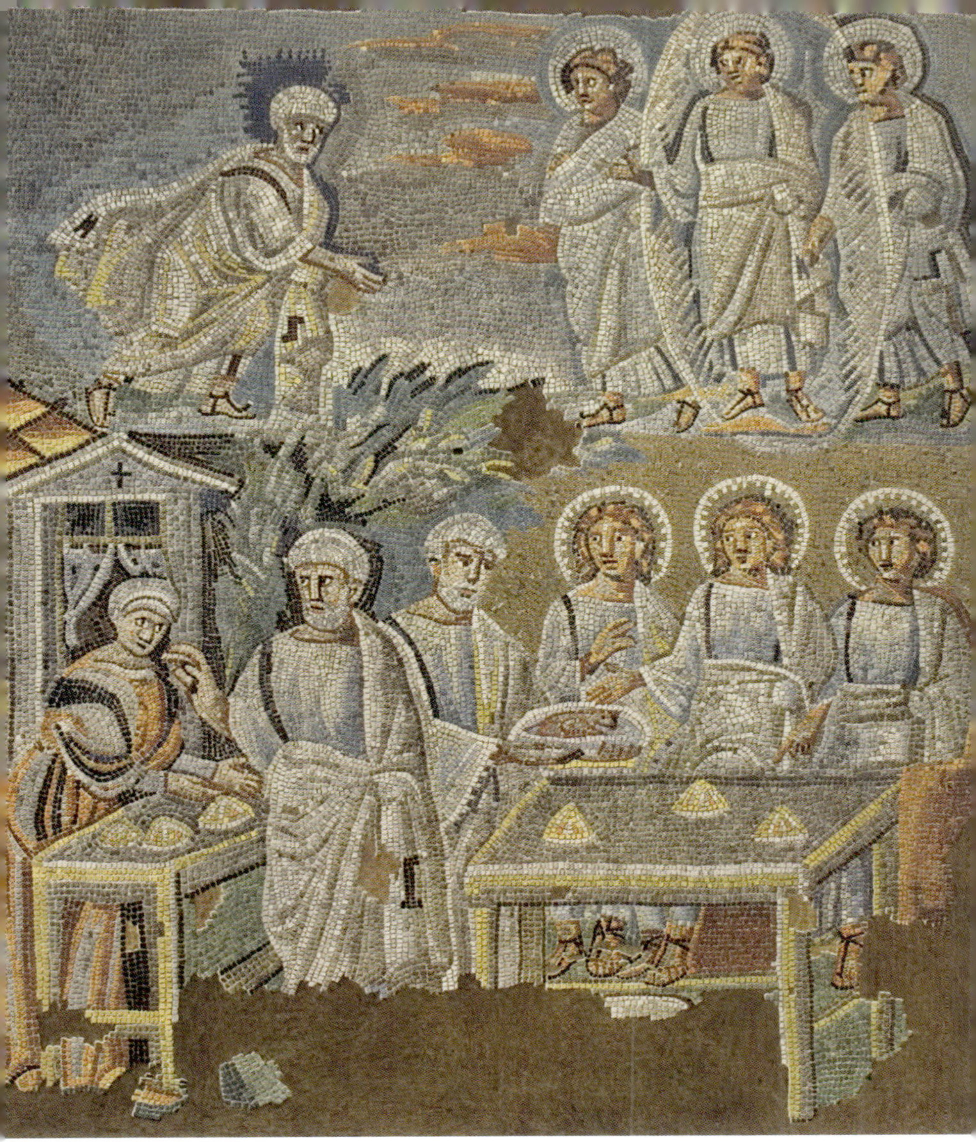

Abb. 16: Rom, S. Maria Maggiore,
linke Langhauswand, 2. Mosaik:
Begrüßung der drei Männer (oben)
und ihre Bewirtung durch Abraham (unten)

wenn er in einem Jahr wiederkomme, einen Sohn ihr eigen nennen werde. Es geht um die Ankündigung der Geburt Isaaks.

Die drei Gäste gleichen sich völlig in ihrer Gestalt, ihrer Kleidung, ihrer Ausstattung. Nur die Haltung ihrer Hände zeigt Unterschiede: Die mittlere Person nimmt den Kalbsbraten entgegen, die Person rechts von ihr hat sprechend die Hand erhoben, die Person links zeigt mit ausgestrecktem Zeigefinger auf eines der Brote. Man könnte daraus folgern, dass die drei Gestalten ihrem Wesen nach gleich sind, sich aber im persönlichen Tun unterscheiden. Die Gesten entsprechen der spätantiken, theologischen Lehre der Dreifaltigkeit, der Grundstruktur der Trinität: Die drei göttlichen Personen Vater, Sohn und Hl. Geist haben teil an dem einen göttlichen Wesen, unterscheiden sich aber in ihrer Persönlichkeit.

In diesem Mosaikbild von S. Maria Maggiore wird also der Sohn Gottes theologisch in der Trinität verortet. Der Mensch gewordene Gottessohn gehört zur Dreifaltigkeit.

④ Abschied Abrahams von Lot (linke Seite, 3. Mosaik)

Die Künstler haben auch hier ein Doppelbildnis gestaltet. Das untere Bild zeigt die Herden Abrahams und Lots noch vor ihrer Trennung, der obere Teil die Trennung der beiden Brüder mit ihren Familien und ihren Hausangehörigen: links Abraham und rechts Lot (Gen 13, 8-11). Einmalig in der frühchristlichen Kunst ist, dass im Bild Abrahams auch Isaak dargestellt ist, noch vor seiner Geburt. Abraham und Sara legen die Hand auf Isaaks Kopf, um zu bekräftigen, dass er ihr Sohn ist. Der Sinn dieser Darstellung konnte bisher nicht geklärt werden. Vielleicht sollten Abraham und Sara der Familie Lots gleichgestellt werden, die bereits Kinder hatten. Vielleicht sollte Isaak, der nach einer Verheißung geboren wurde, als Vorbild Jesu erscheinen, der auch schon vor seiner irdischen Empfängnis existierte.

Abb. 17: Rom, S. Maria Maggiore, linke Langhauswand, 3. Mosaik: Abschied Abrahams von Lot

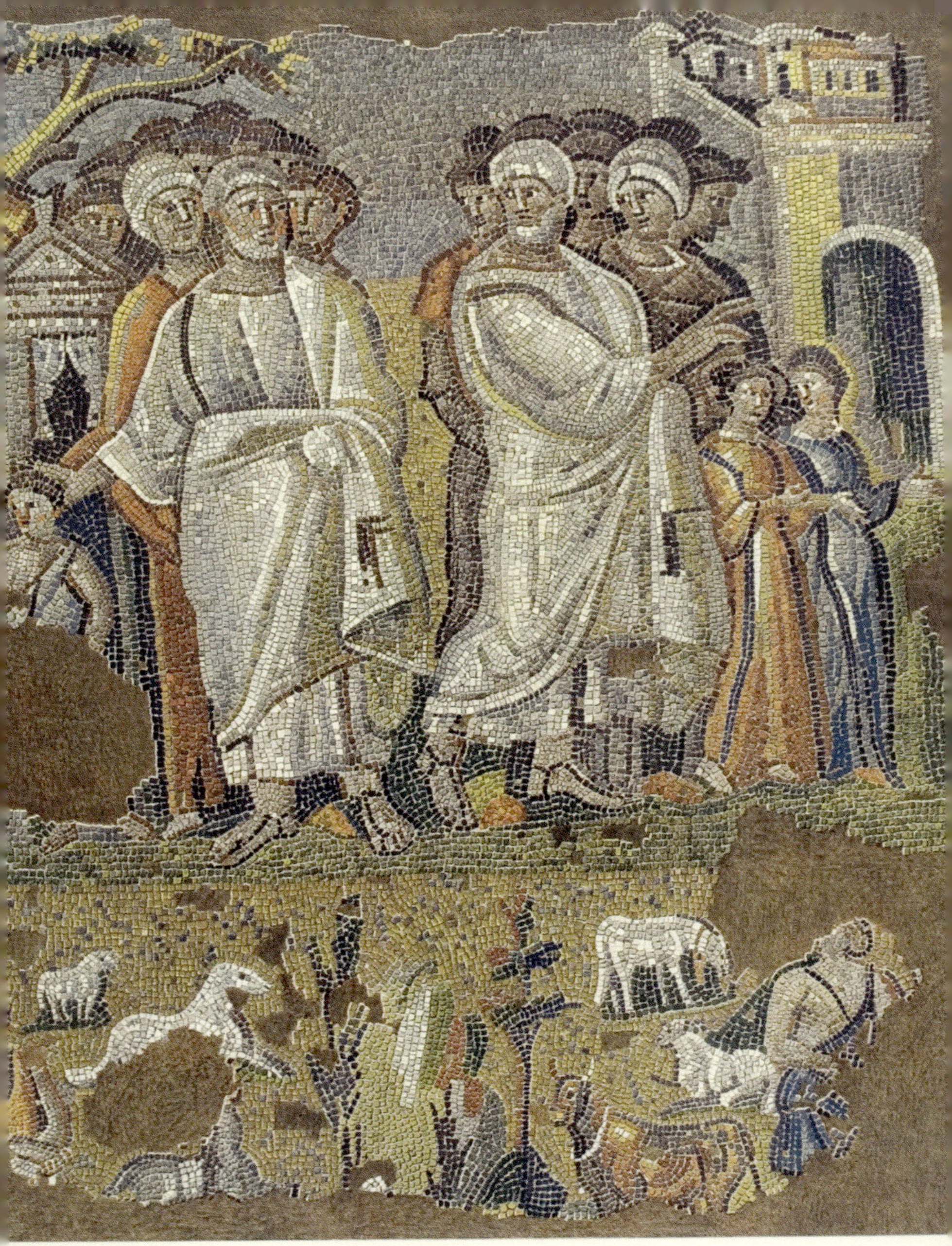

⑤ Mose wird der Tochter des Pharao zurückgegeben (rechte Seite, 2. Mosaik, oberer Teil)

Wir sehen, wie die Mutter des Mose den herangewachsenen Knaben der Tochter des Pharao vereinbarungsgemäß zurückgibt (Ex 2, 9–10). Aus Angst vor Überfremdung hatte der Pharao angeordnet, alle jüdischen Knaben nach ihrer Geburt in den Nil zu werfen und zu töten. Als Mutter und Schwester des Mose dabei waren, den kleinen Mose im Nil auszusetzen, badete die Tochter des Pharao im Fluss, hörte das Jammern des Kindes, ließ nach ihm schauen und erbarmte sich des Knaben. Sie stimmte zu, dass das Kind von einer hebräischen Amme, die in Wirklichkeit seine Mutter war, solange versorgt würde, bis es herangewachsen war. Dann sollte ihr der Knabe zurückgegeben werden. Dieser Moment der Rückgabe wird im Mosaik dargestellt.

Die Tochter des Pharao empfängt, thronend wie eine spätantike Kaiserin, umgeben von vier Hofdamen, in einem Thronsaal des Palastes die Mutter des Mose. Diese stellt ihr den Knaben vor, wie es das Hofzeremoniell für die Einführung einer Person bei Hofe vorschreibt. Mose trägt die schwarzblaue Purpurchlamys eines Caesars, eines Kronprinzen, zum Zeichen dafür, dass er der Sohn der Königstochter ist und damit als Prinz in die ägyptische Königsfamilie aufgenommen ist.

Die biblische Geschichte erwähnt nicht, dass die Tochter des Pharao mit dem Juwelendiadem einer Kaiserin und der Tracht einer geweihten seligen Jungfrau der Spätantike ausgestattet ist. Vielleicht verbirgt sich in dieser Mosaikdarstellung eine Kaiserin und geweihte Jungfrau der Spätantike. Nur die Kaiserin Aelia Pulcheria (399–453), Schwester des oströmischen Kaisers Theodosius II. (401–450), war unter den Kaiserinnen der Spätantike mit diesen ikonographischen Charakteristika ausgestattet. Sie war Kaiserin und geweihte Jungfrau. Dieses verschlüsselte Bild der Kaiserin kann ein Ehrenerweis Roms an Pulcheria sein, ein Dank für ihre Unterstützung beim Sieg über Nestorius.

⑥ Der Moseknabe beim Disput mit Philosophen (rechte Seite, 2. Mosaik, unterer Teil)

Der Moseknabe wird am Hof des Pharao von Philosophen verschiedener Schulen unterrichtet. Doch er ist im Mosaik nicht als Schüler, sondern als Lehrer dargestellt, mit dem sich die Philosophen heftig auseinandersetzen. In der Bibel lässt sich kein Text finden, der mit dem Inhalt dieses Bildes übereinstimmt.

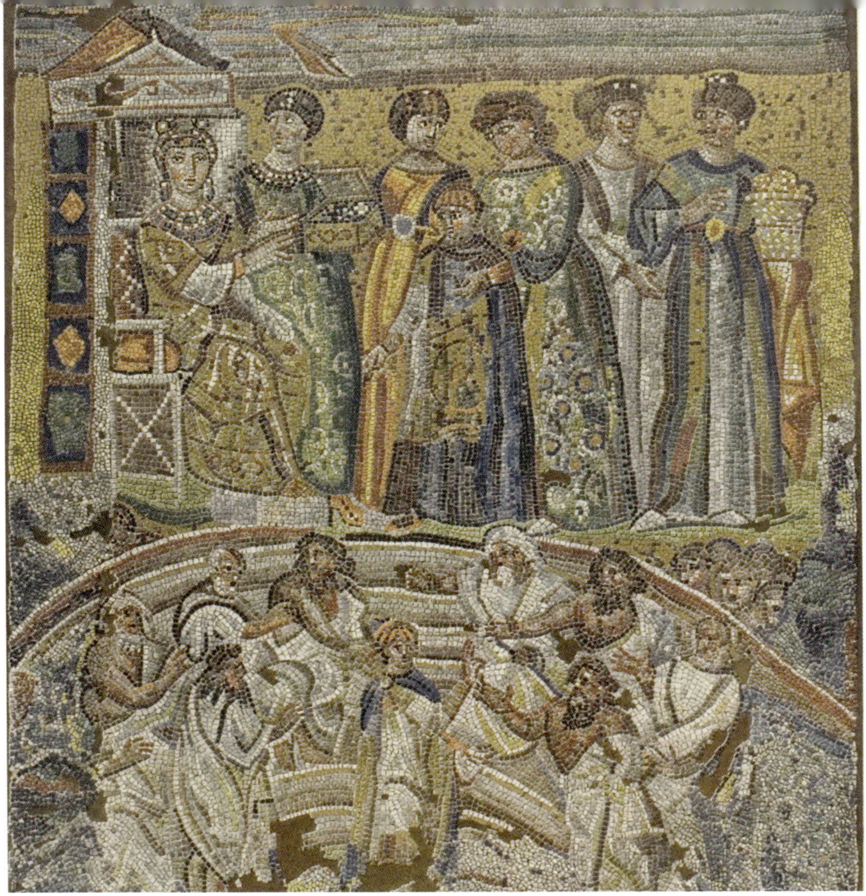

Abb. 18: Rom, S. Maria Maggiore, rechte Langhauswand, 2. Mosaik: Rückgabe des Mose an die Tochter des Pharao (oben) und Disputation des Moseknaben mit den Weisen (unten)

Nur bei Philon von Alexandrien († 40 n. Chr.) erscheint Mose nicht als Lehrer, sondern als selbstständig forschender junger Mann. Es gibt in der alten Kunst überhaupt kein weiteres Beispiel für einen lehrenden Moseknabe. Beat Brenk ist davon überzeugt, dass das Bild des lehrenden Mose unter dem Einfluss der Darstellung eines lehrenden Jesusknaben, wie beispielsweise auf dem fünfteiligen Mailänder Diptychon überliefert, entstanden ist, und dass es darum gehe, Mose als den Vorläufer des lehrenden Christus zu schildern.

Der Triumphbogen-Mosaikzyklus verwendet die Streifenkonstruktion. Für dieses Gliederungsschema gibt es mehrere Beispiele in der imperialen Kunst, etwa die Basisreliefs der 421 fertiggestellten Arcadiussäule in Konstantinopel und den Galeriusbogen in Thessaloniki, vor 305 vollendet.

Wie das oberste Register der Basis der Arcadiussäule, so ist das Scheitelmosaik im Triumphbogen-Mosaikzyklus in S. Maria Maggiore für die göttliche Sphäre reserviert. Der folgende Streifen in S. Maria Maggiore stellt in der Verkündigung an Maria und Josef die Angehörigen Christi und in der Darstellung des Jesuskindes am Tempel die Vertreter des gläubigen jüdischen Volkes dar. Vergleichen lässt sich dies mit der Huldigung der Senatoren von Rom und Konstantinopel vor den Kaisern von Westrom und Ostrom auf dem zweiten Register der Basis der Arkadiussäule. Der Huldigung der Magier im nächsten Streifen in S. Maria Maggiore entspricht die Barbarenhuldigung, vertreten durch die Fürsten der Perser und der Germanen, im nächsten Feld der Arcadiussäule. Der letzte Streifen der kaiserlichen Bilder reiht Waffen und Beutegut auf und demonstriert so den Sieg der Kaiser über ihre Feinde. Die Kaiser werden als mächtige Sieger gefeiert. Im dritten Register in S. Maria Maggiore siegt Christus über seinen Widersacher Herodes, der mit seinen Aktionen gegen den im Kind erschienenen Gott scheitert.

Um die parallele Darstellungsweise nicht zu stören, vermieden es die Schöpfer des Bildzyklus von S. Maria Maggiore, Geburt, Tod und Auferstehung des Gottessohnes in den ersten drei Registern darzustellen. Sie thematisierten diese Ereignisse des Lebens Jesu in dem Register der mit Edelsteinen geschmückten Städte Jerusalem und Bethlehem. So dient das Bild der mit Edelsteinen geschmückten Stadt Jerusalem als Symbol des Kreuzestodes und der Auferstehung, das Bild der Stadt Bethlehem als Symbol der Geburt Christi. Der Edelsteinschmuck hat die Aufgabe, auf die Gottheit Christi hinzuweisen.

Zusammenschau der Mosaiken des monumentalen Stils

Eine intelligente, gebildete, argumentative, auf Zeugen beruhende Verkündigung des Glaubens an die Gottheit Christi als das Heil der Welt

Alle beschriebenen Mosaikbilder verwenden den monumentalen Stil. Nach Ernst Kitzinger handelt es sich um eine autoritative Bildsprache, die eingesetzt wird, um zu betonen, dass die Glaubensverkündigung des Papstes Xystus III. ihre Autorität von Jesus Christus empfängt.

Zum Programm der Demonstration der Gottheit des Kindes Jesu gehörte von Anfang an die Absicht, die Wahrheit der Glaubensbotschaft durch Zeugen und Bilddetails zu bekräftigen. Spezielle Einzelheiten dienen dieser Aufgabe. Bei der Empfängnis Mariens weisen die Jordantaube des Hl. Geistes und die Anwesenheit von Engeln auf die göttliche Herkunft des Kindes Jesus hin. In der Darstellung Jesu im Tempel bezeugen nicht nur der greise Simeon und die Prophetin Hanna durch ihre Huldigung vor dem Kind Jesus dessen Gottheit, sondern auch Petrus in einem Kryptobild, verbunden mit der Gestalt des Simeon.

Dem Zeugnis des Petrus für die Gottessohnschaft Jesu bei Caesarea Philippi – er ist ja der Fels der Kirche – eignet höchste Zuverlässigkeit, weil seine Wahrheit durch den Gottessohn bestätigt wurde. Diesen Zeugen aus den Anfängen der Kirche schließen sich im zweiten Streifenband die Heidenvölker mit ihren Herrschern an: die Weisen aus dem Morgenland als Vertreter der Barbarenvölker und Kaiser Augustus als Herrscher des römischen Weltreiches. Ihr Zeugnis wird verstärkt durch die Star-Propheten ihrer Völker: die Prophetin Sybille von Eritrea und den hochangesehenen römischen Dichter Vergil. Dessen Ankündigung eines vom Himmel kommenden Gottes-Kindes hat sich im Kind Jesus erfüllt und als wahr erwiesen.

Nach den Zeugen des Wortes werden im dritten Streifen Zeugen der Tat für den Gottessohn vorgestellt: die Märtyrerkinder aus Bethlehem mit ihren Müttern. Schließlich bezeugt im untersten Streifen die ganze Kirche vor den Toren Bethlehems und Jerusalems, dass das in Bethlehem geborene Jesuskind und der in Jerusalem gekreuzigte und auferstandene Jesus wahrer Gott ist.

Zu dieser Schar von Zeugen gesellen sich im Eingangsmosaik Blutzeugen für die Gottheit des von Maria geborenen Kindes. Sie sind hier mit den jeweiligen Marterwerkzeugen abgebildet und unterstreichen damit den blutigen Ernst ihres Zeugnisses für die Gottheit dieses Kindes.

Nicht zuletzt bekräftigen den Christen des 5. Jahrhunderts auch Zeitgenossen die Wahrheit dieses Glaubens: Es sind die oströmische Kaiserin Aelia Pulcheria (399–453), die durch ihre geweihte Jungfrauschaft hoch angesehene Kaiserin des Ostreichs, und die höchste Autorität der Kirche, Papst Xystus III. Er weist im Scheitelmosaik in seinem Epigramm *Xystus Episcopus Plebi Dei* auf seine Investitur als Bischof von Rom durch Jesus Christus hin. Er macht deutlich, dass die Botschaft der Mosaiken von der Gottheit Christi von Christus beauftragt und deswegen höchst zuverlässig ist.

Die Mosaiken im erzählenden Stil

Die politische und gesellschaftliche Relevanz des Mosaikzyklus

Nicht alle Mosaiken von S. Maria Maggiore lassen sich unter dem Thema der Demonstration des Glaubens an die Gottheit Christi zusammenfassen. So sind die Bilder des Langhauses im erzählenden Stil geprägt von dem Thema der Entstehung des Volkes Gottes unter Abraham und Mose – sie lassen sich eher dem Thema „Volk Gottes“ in der Inschrift des Xystus am Triumphbogen zuordnen. Dieser Begriff „Volk Gottes“ hatte verschiedene Bedeutungen. Im biblischen Verständnis nahm das Volk Gottes seinen Anfang mit der Berufung Abrahams zum Stammvater des auserwählten Volkes Israel. Das Volk Gottes wurde unter Mose aus der Knechtschaft Ägyptens befreit, empfing das göttliche Gesetz am Berg Sinai und erhielt schließlich nach vielen siegreichen Kämpfen unter Josua Wohnung in dem versprochenen Land Israel. Das ist das Thema der erzählerischen Schiffsmosaiken.

Seine Vollendung findet dieses Motiv in den Mosaiken des Neuen Testamentes am Triumphbogen. Durch die Menschwerdung des Gottessohnes, der sich mit Kreuzestod und Auferstehung dieses Volk zum Eigentum erworben hat, findet das Volk Gottes, aus Heiden und Juden, in Christus sein Zentrum und lebt weiter in der Kirche, deren Haupt Christus ist. Seine Vollendung wird das Volk Gottes in der ewigen und künftigen Herrlichkeit des Reiches Gottes finden.

Das Konzept des Mosaikzyklus der Apsis-Stirnwand und der ersten Mosaiken des Langhauses ist die Demonstration der Gottheit des Mensch gewordenen und ewigen Gottessohnes, verbunden mit der Idee vom Volk Gottes.

Aber der römische Christ ist Bürger zweier Reiche. Er ist Glied des Volkes Gottes und eingebunden in das Imperium Romanum, dessen Herrscher der Kaiser und dessen Hauptstadt Rom ist. Beide sind durch ein politisches Leitbild geformt: Für das Imperium Romanum sind es die Reichsidee, die Kaiseridee und die Romidee. Bis in die Zeit Konstantins des Großen und seiner ersten Nachfolger waren diese Leitbilder vom Heidentum geprägt.

Auf dieser Basis manifestieren diese Mosaiken gleichzeitig mit der Glaubensbotschaft über Jesus Christus als Sohn Gottes das Bild einer neuen, christlichen Reichs-, Kaiser- und Romidee. Eine Neu-Orientierung der Ewigen Stadt Rom, ihres Weltreichs und ihrer nun christliche Bevölkerung.

Auf dem Thron des Reiches sitzt anstelle der alten Göttin Roma der Herr und Gott Jesus Christus. Er herrscht nicht wie die Roma nur über Rom und sein Imperium, sondern als Gott und König über die Himmlischen und mit den Barbarenvölkern über den ganzen Erdkreis.

Von Christus als Zentrum des Römischen Reiches werden die Stellung des Kaisers, die Funktion von Rom und des Reichs neu definiert: Nicht mehr der Senat und das Volk von Rom bilden das Imperium Romanum, sondern das Volk Gottes. Seinen Anfang nahm es nicht unter Romulus und Remus, sondern mit der Berufung Abrahams als sein Stammvater und von Mose als Verkünder des göttlichen Gesetzes. Gott hat sich dieses Volk erneut zu seinem Eigentum durch Tod und Auferstehung seines Sohnes Jesus Christus erworben. Seine Glieder sind Juden und Heiden, die im Glauben an Jesus Christus zum Leib Christi verbunden sind. Seine Aufgabe ist die Verkündigung des Evangeliums Christi, sein Ziel ihr Herr und Gott in seiner himmlischen Herrlichkeit.

Der Kaiser ist nicht mehr „Herr und Gott“, sondern das irdische Abbild des himmlischen Königs. Er ist von dem himmlischen König eingesetzt und übt seine Herrschaft in seinem Namen aus und in der Verantwortung vor ihm.

Rom ist das Zentrum des Reiches und seiner Weltherrschaft: Die Gründung der Stadt Rom wird nicht mehr auf Romulus und Remus zurückgeführt, sondern ihre Gründer sind die Apostel und Märtyrer Petrus und Paulus. Die Aufgabe der Stadt ist, nicht die Gewalt der Waffen einzusetzen, sondern das Evangelium bis an die Grenzen der Erde zu verkünden.

Das Scheitelmosaik mit der Inschrift von Xystus III. veranschaulicht den Leitungsanspruch dieses Papstes bei der Verkündigung des Glaubens für das Volk Gottes nicht nur in der Stadt Rom, sondern überall.

Der Mosaikzyklus von S. Maria Maggiore ist also einzigartig unter den in frühchristlichen Kirchen überlieferten gleichartigen Bildfolgen. Er allein bietet mit ausgesuchter Bildsprache eine fast vollständige, intelligente, gebildete, argumentative Christologie, die der Zyklus mit den daraus folgenden politischen Konsequenzen für das Reich, den Kaiser und die Ewige Stadt verbindet. Es handelt sich um ein hervorragendes künstlerisches, theologisches und politisches Dokument.

Die biblischen Texte zum Mosaikzyklus

Die Mosaiken des Triumphbogens

Die Verkündigung der Menschwerdung des Gottessohnes an Maria:
Lukas-Evangelium 1, 26–38; Das Protevangelium Jacobi 11, 1–3
Verkündigung an Josef: Matthäus-Evangelium 1,18–21
Die Darstellung Jesu im Tempel: Lukas-Evangelium 2, 21–40
Aufforderung Josefs zur Flucht nach Ägypten: Matthäus-Evangelium 2, 13–15
Die Huldigung der Magier vor dem Jesuskind: Matthäus-Evangelium 2, 1–12
Kaiser Augustus und Vergil begegnen dem Jesuskind und seinen Eltern:
Vergil, Eclogae 4, 6–10
Der Befehl zum Kindermord in Bethlehem: Matthäus-Evangelium 2, 16–18
Die Magier und die Hohepriester bei Herodes: Matthäus-Evangelium 2, 1–9
Die mit Edelsteinen geschmückten Städte Jerusalem und Bethlehem:
kein Bibeltext als Grundlage
Das Scheitelmosaik: Apokalypse 4–5

Die monumentalen Mosaiken des Langhauses

Die Begegnung Melchisedeks mit Abraham: Genesis 14, 17–20;
Hebräerbrief 7, 1–28
Die Begrüßung der Drei Männer durch Abraham: Genesis 18, 1–9
Die Bewirtung der Drei Männer: Genesis 18, 8–14
Der Abschied Abrahams von Lot: Genesis 13, 8–11
Mose wird der Tochter Pharaos übergeben: Exodus 2, 9–10
Der Moseknabe beim Disput mit Philosophen: kein Bibeltext als Grundlage

Diesen Ausführungen liegt eine kunstwissenschaftliche Untersuchung des Autors zugrunde, erschienen 2016 im Verlag Schnell & Steiner, Regensburg, unter dem Titel: *Die frühchristlichen Mosaiken des Triumphbogens von Santa Maria Maggiore in Rom.* Hier findet man die Belege für die Ausführungen.